中国、大失速
日本、大激動

世界情勢から見た、日本経済のゆくえ

宮崎正弘
Masahiro Miyazaki

文芸社

◎目　次◎

第三章　米国はどこまで復活するか

第四章　ＥＵ、難民、そしてドイツ問題

第五章　アジア経済はどこまで伸びるか

第六章　中国の敗れ傘

第七章　ロシアの再浮上

第八章　日本経済躍進の条件

エピローグ

装丁：熊澤正人＋平本祐子（ＰＯＷＥＲＨＯＵＳＥ）

プロローグ　日本経済は再活性化する⁉

「アベノミクス」の再躍進はあるのか

「これからの世界経済を（中国失速以後に）牽引する国々は？」を問う最新のアンケートによれば、第一は日米欧の先進国（25・9％）、ついでインド（19・8％）、三位が「先進国と新興国の両方」（19・2％）、四位は東南アジア（18・4％）、そして中国は僅か8・2％で五位（日経クイックＶｏｔｅ、２０１５年10月22日）。

このアンケート調査でも明らかになったように、バブル崩壊、失速気味の中国への期待はまるで「突然死」を迎えたかのように萎んでしまった。往時の「中国ブーム」は夢のようである。対照的にインドのＧＤＰ成長率は15年度に７・４％を達成し、急伸していることがわかる。

中国の凄まじき経済的惨状の一例をあげよう。

想像を絶する在庫の処理をどうするかが、難題の一つである。まさに過剰な在庫によって中国経済は押しつぶされる危険性が日増しに高まっている。

まず石炭産業が象徴的である。火力発電は中国の総発電量の70％だが、すでに１３００0社の石炭企業が倒産し、４００万人の炭鉱労働者が失業している。まだ操業中の炭鉱企業とて九割が赤字とされ、給与は30％カットは良い方。なかには半額カット、遅配がつづく。追い詰められた経営者の自殺、夜逃げも頻発している。

山西省は石炭産業のメッカだが、すでに在庫が４７００万トン、中小の炭鉱はあらかたが閉山に追い込まれた。湖南省だけでも１２５カ所、陝西省でも18カ所が閉鎖され、麓の町々は困窮、悲痛な叫びがあがっている。

鉄鋼も在庫の山、生産コストは海外平均が一トンあたり50ドルだが、中国のそれはいまでは90ドル。採算コストを度外視した赤字輸出で、運転資金をまかなってきたが、ほぼ全社が赤字に転落しているという。鉄鋼業界全体で60兆円にものぼる赤字である。信じられない数字、日本の国家予算の三分の二弱ではないか。

山西省では省内の経済を支えた巨大製鉄所が閉鎖され、６万人もの失業者がでた。業界全体でも赤字続出で、各地で生産が停止されており、湖北省だけでも544の高炉が閉鎖に追い込まれている。

銅鉱山は900社のうち、半分が赤字に転落している。

セメントは34％から47％の生産減となっている。建設ブームが去ったからだ。

そしてガラス産業では中国最大とされた江蘇省張家港の華爾潤ガラスが生産停止となって8000人が失業した。ことほど左様に、震撼すべき惨状となっている。


2015年10月に急転直下、妥結に至ったTPP（環太平洋パートナーシップ）は関税撤廃が95％、農産品も81％の品目で関税がなくなり、これにより自由貿易は飛躍し、経済発展に大きく寄与するだろうと日本の財界は過大な期待を寄せている。

新規雇用が80万人、効果は14兆円などと試算され、メディアが騒いでいる。これでアベノミクスはうまくいき、日本経済は再生すると夢が語られているが、はたしてそうか？

日本の主要なマスコミもTPPと東京五輪で日本経済は活性化すると気分だけを優先させて騒いでいるだけではないのか。

TPPへの過剰な思い入れは危険であるといえる。そもそも言い出しっぺの米国で、連邦議会はTPP推進の共和党が多数派だとはいえ、与党＝民主党のなかにはTPP反対が根強い。労組を背景にＴＰＰで失業が増えると懸念しており、議会で批准されるかどうかが危ぶまれているのである。上院の有力議員は「ＴＰＰ承認は早くても大統領選挙後」と言明している。つまりＴＰＰを米国が批准するとしても、２０１６年末である。

カナダでは十年ぶりに政権交代が起こり、豪州も親日派アボット政権から親中派首相に代わった。となるとカナダ、豪州もＴＰＰを批准するかどうか「疑問符」が打たれた。

とくにカナダの場合、トルドー新首相は当選が確定するとすぐにオバマ大統領に電話をかけて、ＩＳ（イスラム国）への空爆共同作戦から撤退を言明した。

ＥＵ諸国はＴＰＰとは無縁であり、寧ろ英国、ドイツは中国への思いこみが依然として激しい。両国は日米の動きを袖に対中投資をまだ増やしている。

こうなるとアベノミクスの行方に薄日が射したという漠然とした期待は禁物である。

たしかに最初のアベノミクス「三本の矢」は二本目まで非常にうまくいって日銀の量的緩和（黒田バズーカ）によって円安が進んで企業業績が上がるや株価は高騰した。日本経済は活気に包まれたが、その後の米国景気の後退、欧州の混乱、ロシアの成長鈍化、中国の顕著な経済減速がおきて、世界は再び「通貨安戦争」に突入した様相である。

そんなおりに新「三本の矢」が発表されたが官民のすりあわせは不協和音、次のアベノミクスへの期待は起こらず、むしろ発表の日に株価は下がったくらいだった。

旧「三本の矢」では金融緩和にくわえて「地方創生」が謳われた。産業の活性化、とくに賃上げが叫ばれ、大手企業は正社員枠を増やし、また新卒の雇用は黄金時代の再来となったかに見えた。

新「三本の矢」の基軸は「強い経済」「子育て支援」「社会保障」と抽象的かつ曖昧であり、企業負担が増大する。

一本目の「強い経済」とはGDP600兆円達成が目標（これは可視できるが）、二本目の「子育て支援」の目標は出生率を1・8人におき、三本目は「介護離職ゼロ」を目指すというのだが、実業界にとってはビジネス展望が悪く、もっと大規模な金融緩和は財務省の反対で期待薄である。子育て支援と言っても若者の人口が激減した上、かれらの人生観は結婚が人生目標のなかに熱烈には入っておらず、結婚しても子供は不要という不思議な人生観を抱いている。

この社会的退嬰現象を根底から直すには教育しかない。

アベノミクスにはこうした根幹の哲学がかけており、応急措置の経済処方箋でしかないと国民の多くが踏んでいるのだ。しかも財源を消費税増税と日銀頼みとしており、基本的に日本人のこころまでも豊かにする哲学の音も聞かれない。げんに外国投資家は、そのことを危険視して日本株の売り越しに転じた。

企業の設備投資は２０１５年第３四半期になってようやくプラス10％を示したが全体としてみるとまだまだ緩慢であり、むしろ社内留保と預金が増え、「世界情勢を見渡しても投資環境にはない」と回答した企業が多かった。円安状況になったにもかかわらず雇用の確保を理由に一部大手企業は相変わらず海外へ進出している。つまり国内雇用の劇的な増加は望み薄である。

首相は「未来への投資を拡大する上で制度的に壁があれば取り除く」と言明したものの、反応は極めて鈍かった。

そのうえ産油国や新興国の経済発展を促し相対的に日本経済にも裨益する原油価格だが、高騰する気配なく、15年末12月7日のＯＰＥＣ総会は、原油減産で合意出来なかった。16年初から原油は一バーレル30ドル台を割《わ》り込んだ。

シリア内戦の大混迷と欧米関係の亀裂、ロシアの不気味な介入により、日本が死活的にエネルギーを依存する中東のゆくえが不透明、とりわけ原油価格がどうなるかが、日本経済の死命を制する要素なのだ。

日本の新聞だけを読んでいると、世界情勢の裏側にうごめく列強の思惑や、地政学的な地殻変動を正確に認識するには情報量も、その分析の質も物足りない。

第一にＩＳ（イスラム国）の跳梁跋扈は中東地図を塗り替え、イスラエルvsパレスチナ問題は局地的問題に矮小化された。

第二にロシアの介入により、イスラエルとサウジアラビアが明確な米国離れをおこした。第三に米国はサウジ優先の外交基軸をイランを加えての両天秤外交へと進め、将来の布陣としていることが日本では深刻に認識されていない。

第四にトルコが中東の覇権レースに参入し、ＥＵとの摩擦が表面化している。そのうえ、ロシアとの対決姿勢をこのまま続けると第三次世界大戦への引き金を引く危険性が日々増した。

第五はＥＵ列強が難民問題に手を焼き、団結の情緒が弛緩しはじめていることが挙げられる。

一方、アジアに目を転ずれば、南シナ海の安全とシーレーン確保の問題が焦眉の急となり、これまで楽天的にしか考えてこなかったロシアの復活と中国の落日ぶりの好対照のなか、日本経済は根底的な揺り返しの激動に身を置く。

本書はそうした視点を軸として、明日の日本経済のゆくえを予測する試みである。

第一章 「グレートゲーム」の主役交代

中東のグレートゲームにロシアが再介入

国際政治の表舞台で、主演者《プレーヤー》が交替している。経済の展望を語る際に国際情勢の判断が必要となり、この点が一等重要である。

世界史のプレーヤーはいったい誰なのか?

その昔、日米経済摩擦が激烈だった頃、プレストウィッツ(USTR顧問)が書いたのは『日米逆転』というベストセラーだった。原題はTRADING PLACESで、「立場の交替」という意味である。

かつて世界帝国の覇者として、「七つの海」を支配した英国が大きく後退し、米国が世界史の主役の座を占め、米ドルが英国ポンドに代わって基軸通貨の座を握り、最大のライバルだったロシアが低迷、欧州はＥＵ、ユーロで復活し、シリア内戦のなかＩＳ（イスラム国）の登場前までの日本は中国の猛追を受けて沈没寸前となっていた。

原油価格が世界経済の基本を左右し、米国はシェールガスで再活性化し、「世界の工場」として輸出力をつけた中国がＧＤＰ世界第二位、外貨準備高は世界一という座を確保し、同時にアジアにも活気が蘇る。

そしてグレートゲームの舞台はシリア内戦の泥沼のなか、中東でまた大きく変貌した。中国はたしかにアジアにおける巨人だが、中東ではバイプレーヤーでしかない。

世界的視野に立脚すれば、２０１４年のクリミア併合、つづいてのウクライナ問題で対ロシア制裁に踏み切った欧米、南シナ海で軍事力を示威する中国にインドをくわえて日米豪の対峙という構造的変化がおきた。

この波にＩＳ（イスラム国）の凶暴なテロリズム、そしてシリア内戦にロシアが唐突に「空爆」というかたちで参戦という予期せぬ大変化に見舞われる。世界経済の先行きはまったく不透明になった。まさに一歩間違えば第三次世界大戦に発展するリスクが増大したのである。

げんに南シナ海では米海軍艦船（駆逐艦ラッセン）が中国の不法占拠する岩礁海域の12

海里以内へ入り、後日はB52が上空を飛行したため軍事的緊張がたかまる。ロシアのメディアを読んでいると明日にも米中戦争が勃発するのではないかという錯覚に陥る。

一方、「世界の警察官を降りる」と言う米国は「中国にルールを作らせない」とTPPを推進した。米国大統領選挙予備選の議論は対中強硬派が声高に「中国を制裁せよ」と獅子吼し、「戦争に備えよ」とペンタゴンは緊張し、かくて左右に大きくぶれる米国と日本は「同盟関係を進化させる」と言っている。

しかし米国の圧倒的だったパワーの衰退と欧州の混乱のなか、プーチンのロシアが復活し、中東を舞台に大いに得点を稼いだ事実にもっと注目すべきであろう。

往時、英国がシリア空爆を議会の反対を理由に尻込みした時、オバマ大統領も慌てて空爆を中止した。このことがISの増長と跋扈を招き、ひいては百万人ものシリア難民が西欧にむかってほとばしり、EU加盟国は財政負担と治安の悪化に悲鳴を上げる。

見通しを誤ったのは米欧だった。

空爆を続けても一般住民地区を回避するためISの力は衰えず、アラブ諸国も空爆に加わったが、イラク政府軍も反アサド軍も、その戦力はあまりにも弱体だった。

トルコの鵺《ぬえ》的な行動によってISへの兵站ルートは確保され、しかもトルコの空爆参戦はクルド族地域に限定されていた。ロシアはロシアで、空爆対象を欧米が支援する反アサド勢力の拠点に集中させた。だから戦場は収拾のつかない混沌状況となった。

シリア難民は合計四百万人だが、このうちの百万もの難民がドイツをめざしたため欧州政治を攪乱した。ＩＳは住民を楯に、彼らの居住区に身を潜めているので欧米ならびにロシア軍が地上戦に進まない限り、見通しは暗い。

２０１５年9月30日からロシアが大規模な軍事力を投入し、介入してきた。プーチンはタイミングを巧妙に計っていたのだ。ロシア空軍機はＩＳ拠点を爆撃したといいつつ、じつは米軍がテコ入れしていた反アサド政府軍が主な標的だった。しかし西側の抗議は弱く、かつて討議された「飛行禁止区域」も沙汰止みとなった。この西側の対応に苛立ったトルコは領内を17秒だけ侵犯したロシア軍機を撃墜するという挙にでて露土関係も極度に悪化した。

しかもロシアの軍事行動は西側との協議を重ねていない。単独行動が殆どである。プーチンの欧米に対するウクライナ制裁への意趣返しとも取れる。

クリントン政権下で大統領顧問をつとめたストローブ・タルボットは、「プーチンがタイミングを計っての戦術行使であり、大きな戦略があるわけではない」と分析したが、まさに米欧と同様にロシアにも「これからの世界をどうするか」という戦略的なゲームプランは存在しない。

こうした列強の場当たり的対応が示唆するのは、第三次世界大戦へもつれ込む危険性を内包しているという危険性である。

じっさいに欧米が批判したウクライナ問題はうやむやとなり、グレートゲームの主役としてロシアが返り咲いたのが現実である。米国はおそらく近日中にロシアとの関係正常化に傾斜せざるを得なくなるだろう。

第一にロシアでは、ロシア国内にいるスンニ派1400万住民の大半がプーチンのシリア空爆を支持した。チェチェンの凶暴なテロリストにおびえていたスンニ派穏健派が、ロシア国内では多数派であり、地上戦への参戦に反対する集会は僅か300名でしかない(2015年10月17日、モスクワ)。ロシア国民は空爆を熱烈に支持しておりプーチンの人気は相変わらず高い。

プーチンは過去の軍事作戦の失敗を教訓として、「第二のアフガニスタン」となるような泥沼化を避けていることも明白だ。

第二にゴラン高原のオーストリア軍撤退の折や、シリア化学兵器問題でのロシアの仲介が欧米がてこずった問題を解決させ、プーチンの政治的手柄となったように、プーチンが狙うのは「最小の介入で最大の政治効果」をあげることだ。

もともと海軍基地をのぞいて、陸上戦闘部隊に五十名規模の軍事顧問団をシリアにおいていると推測されたが、ロシア軍は想像をこえる規模でシリアに存在していた。ロシア海兵隊は700名の規模に膨らんでいた。

第三に米国の作戦のまずさと失態ぶりが対照的である。

いずれもオバマ大統領の無能に帰結する問題だが（ウォールストリート・ジャーナルはオバマを「信じられないほど無能」と書いた）、サダムフセイン体制打倒後、せっかく米軍が育てたイラク政府軍はまったくの体たらくで、42億ドルもの予算を注ぎ込んで最新兵器をあたえたのにISの襲撃を前にして逃げ去り、虎の子のハイテク兵器をみすみすISに鹵獲《ろかく》されるという失態ぶりだった。おまけにシリアの反政府軍の訓練は効果が上がらない。

第四にロシアにとってシリアへの軍事介入は自国の安全保障に直結する問題であることだ。

ISの兵力は7000名とも2万人とも見積もられるが、チェチェンのイスラム過激派を筆頭に北カフカスならびに中央アジア諸国からテログループへの参加が主力である。

チェチェンからウズベキスタンやタジキスタン、キルギスからIS兵士が陸続とトルコルートで戦地に潜入しているのだ。したがってロシアにとってISの主力を叩くことは自国の安全保障に直結する。

第五にロシアにとっての経済的利益とはシリアを経由してのガス輸送がレバノン、キプロス、イスラエルに向けて行われており、シリアに海軍基地を租借して戦略的拠点を確保、強化することは有益である。

この文脈からだけ判断すると「ロシア介入により石油とガスの価格は上昇する」と予測する向きが多い。原油とガス価格の高騰は日本経済に大きな影響力をもつことは指摘するまでもない。

むろん、ロシアは１９７９年のアフガニスタン介入失敗を重要な教訓としており、ベトナム戦争で米国が泥沼に陥った愚を繰り返しはしないだろう。撤退をつねに視野に入れ、しかしシリア国内においてもスンニ派居住区を空爆目標とはせずにいるのはスンニ派の内外の支持を得ようとしているからである。

プーチン大統領は昨師走の12月17日、モスクワで恒例の長時間記者会見を行ない、ひとりで対応した。

開口一番、中央銀行の政策を指示すると言った上で、「ロシア経済はマイナス３・７％の成長が続くだろうが、気になるインフレ率は12・３％、失業率５・６％にとどまり、２０１６年の赤字財政はＧＤＰの２・９％以内に収まり、経済的苦境はまもなく終わる」と楽観的見通しを述べた。ついでシリア空爆参加に関して、「ISは、いまやマイナーな問題」と断言し、会場を驚かせた。問題はトルコとの緊張関係への暗転、軍事的な対峙である。しかしプーチンは懸念される軍事行動のエスカレートについては慎重で、むしろトルコを経由するガス・パイプラインの敷設については中断どころか前向きに捉えている姿勢が印象的だった。

「トルコ人民との友好は不変であり、問題はいまの政府間の対話に展望がないことである。トルコはテロリスト達の最後のリゾートになっており、経済的利権がそうさせている」としてトルコのIS占領地の石油密輸がトルコ与党の財源ともなっていることを示唆し、同時に「シリアの将来はシリア人民がきめることだ」とした。

また米国との関係は「これからもうまくやっていけるし、たとえトランプ氏が大統領となろうとも、ロシアは米国との絆を維持し、両国関係の良好な維持発展にかわりはない」とプーチンは力説した。この記者会見は就任以来11回目だが、全世界から1390名もの記者がモスクワに集まった。この数字は新記録だという（英文プラウダ、15年12月17日）。

産油国の動向が激変している

　こうして中東をめぐる地政学は、新しい主役プレーヤーとしてロシアが急浮上し、最小投資で最大効果を狙っている。

　国際政治の「複雑系」が、このうえに被《かぶ》さるので俄かに次の予測はしにくいが、とりわけ産油国との関係に注目しておく必要がある。

　サウジアラビアは表向きは「アサド打倒」といいながらもアサド政権を消極的に支援してきた。同時にＩＳの初動軍資金もサウジなど湾岸諸国が負担した。実質的な「みかじめ料」であり、ＩＳがサウジ、ＵＡＥ諸国を攻撃していないことに注目あれ。

　しかし中東における政治大国＝トルコはアサド政権の打倒を主張しており、これらの国々が脅威視するイランがアサド体制死守を掲げて兵力を派遣している。中東の政治地図はまさに魑魅魍魎の世界だ。

　ロシアの本格的軍事介入によって、あきらかに情勢が変わっているのだ。

　サウジアラビアのムハンマド副皇太子（国防相、サルマン国王の息子）が頻度激しくモスクワを往復したのはその表れであり、軍事戦略にまるで理解のないオバマを見限ってのことである。

15年10月7日にソチで63歳の誕生日を迎えたプーチン大統領はホッケーに興じていたと西側メディアも伝えたが、ひそかにサウジアラビア国防相がソチまで飛んでいたのだ。前後してアブダビの皇太子もロシアを訪問しプーチンと面談している。

ウクライナ問題で執拗な制裁をつづける米国にほとほと嫌気をしめしていたドイツ、フランス。日和見主義に陥った英国。米国外交の失敗のツケはこれから傷口の拡大となりそうである（後日、パリのテロ事件以後、フランスも英国も空爆に参戦したが）。

またサウジとの関係を強めるロシアという異様な構図をよみとくと、もし原油減産にサウジが踏み切れば、原油高騰となりロシア経済の再生が日程にのぼってくる。ロシアとサウジアラビアはこの日程をはなしあったのではないのか。なぜなら原油生産の世界一はロシア、二位はサウジ、三位がイランである。

第一にこんにちまでの原油価格暴落によって米国ではシェールガス開発のベンチャー企業の多くが資金が続かなくなって倒産しており、ジャンク債のデフォルトがウォール街も揺らしている。つまりサウジの競合国を潰すという思惑は半ば達成されている。そのうえシェールガスの採掘には三倍の水を注入する技術的必要があるが、米国内のシェールガス鉱区の位置は海から遠く、深刻な水不足に直面し始めている。

第二にベネズエラ、アンゴラなど新興産油国が原油価格の暴落にはこれ以上耐えられなくなっており、むしろナイジェリアなどのように政情不安から秩序崩壊へと到る。

となればいずれＯＰＥＣの減産合意は達成されやすくなり原油価格は高騰への反転を始めることも十分に考えられる。

経済のルールも主役交代

戦後の世界経済の基軸は「ブレトンウッズ体制」である。すなわち米ドルが基軸通貨のもとで世銀・ＩＭＦが中軸として機能した。

この経済版グレートゲームにおいて米ドルの地位低下が甚だしく、欧州には統一通貨ユーロが誕生し、それもギリシア問題で大混乱のなか、中国人民元が急激な台頭を見せる。

マリン・カッサ著、渡辺惣樹訳『コールダー・ウォー』（草思社）では従来の地政学、宇宙時代の地政学を超えて、中国の野望である「超限戦」がとかれ、ハッカー戦争が語られた。いまも軍事地政学の考え方の主流は、これらの思想が基本にある。

ところがカッサは「石油経済学」の視点から通貨戦争を読み解き、従来的発想の延長線上にあると雖も、これをプーチン率いるロシアの世界戦略にひっかけての革新的な問題提起をしている。

つまりプーチンは「十五年にわたって次なる冷戦の戦い方を研究してきた（中略）。闘いの武器は軍事力ではない。世界のエネルギー供給をコントロールする力、それがプーチンの新型兵器」だという。なるほど意表を突く視点であり、この本が全米でベストセラー入りしている事態も頷ける。

同時に中国は15年11月30日のＩＭＦ会合でＳＤＲ入りが正式に認められ、世界の基軸通貨の一角に躍り出た。

中国人民元のＳＤＲ入りに関して言えば、この通貨の利便性と国際化、すなわち国際的基準にとっての自由市場の達成がいかに可能か、どうかという大問題を抱えることになったのである。

利便性という意味から人民元を考察してみると、たとえば、コソボという国家がある。人口わずか40万、つまり欧米がバルカン半島の紛争のどさくさ紛れに強制的に出産させた「独立国」だが、主権はなきに等しく、ユーロが法定通貨である。米ドルの威力は、ロシア、ポーランドなど旧東側のどこでも通用するが、人民元は使えない。通貨として人民元を法定通貨としているのはジンバブエただの一カ国。香港、台湾、シンガポール、タイで人民元は使えるが法定通貨ではない。そして、あれほど鳴り物入りだったＡＩＩＢ（アジアインフラ投資銀行）にしても、「12月25日に正式に発足した」と北京政府は発表したが、参加表明56カ国のうち、17カ国が批准したに過ぎず、フィリピンは12月30日になって、ようやく参加を表明した。

正式な発会式は1月16日に北京で開催され、予定通り金立群が初代総裁に就任したものの、ＡＩＩＢボンドの起債について驚くべきことに格付けを取らないでスタートすると表明した。そのうえ、最初の融資は２０１６年６月から。しかも初年度の融資額はたった20億ドルとされた。「泰山鳴動してネズミ一匹」のたぐいではないか。

つぎに中国金融市場の自由化だが、ＳＤＲの要件を満たすために中国が行うべきことは（１）金利の自由化（２）金融市場の整備（３）資本取引の自由化（４）為替の変動相場制、の四つであり、長い道のりが前途に横たわっている。

中国にとって「唯一の救い」は、対外債務が少ないことである。

たとえばトルコの対外債務は対ＧＤＰで70％強、マレーシアが50％強もあり、通貨暴落は必定の情勢だ。以下、南アフリカが40％強、タイが40％弱、メキシコが35％、インドネシア30％強、ブラジル、フィリピンが20％に対して、中国は12％程度。中国の場合、負債がＧＤＰの２９０％（16年1月24日のフィナンシャル・タイムズ）とされるものの、大半が国内債務であり、この文脈だけで勘案すれば人民元の大暴落は考えにくいことになる。

このことは後章で詳しく論じるとして、表向き、中国の軍事的脅威は可視的である。南シナ海で現実に中国は他国の領海にある岩礁を侵略し滑走路をつくり軍事施設を建築している。その軍拡テンポは凄まじく、しかも傲然とアジアの覇権を獅子吼し、他方では人民元がドルに代替するなどと大言壮語をならべている。

問題はロシアだ。ロシアの資源戦略上のゲーム・チェンジという現実は、たとえ数字、貿易統計上は可視的であっても、プーチンが公言することがなかったためロシアの意図する新しい戦略は判然としなかった。

ところがプーチンの実績をみると、既に世界石油の15%がロシアから船積みされ、ルーブル決済の貿易相手国が増えているという事実から目を背けることは出来ない。これが「新冷戦」の実質であり、いずれペトロダラーというドル基軸体制を終焉させるばかりか、米国支配の世界システムが崩壊するとカッサは冷厳たるリアリティを提示する。

日米同盟が国是の日本からすれば無視できない現象である。

「ペトロダラー」というのは米国がサウジアラビアを体制内にしっかりとビルト・インしてきたドル基軸体制の別称であり、それが、ユーロの登場と中国人民元のＩＭＦ（ＳＤＲ）加盟の流れに乗って、顕著に弱体化しつつある。

この「ペトロダラーというドル基軸体制」を発明したのは第三十七代米国大統領のリチ

ヤード・ニクソンだった。

１９７１年にドルの金兌換体制を終わらせ、以後、ニクソンはサウジアラビアに肩入れして、こう囁いた。「サウジを防衛し、サウジをまもるためにはどんな兵器でも売却する」うえ、サウジ王室を未来永劫、保護する。その見返りは「石油販売はすべてドル建てにすること、そしてもう一つは貿易黒字部分で米国財務省証券を購入すること」。

これが米国の「最高のメカニズムの完成であった」。世界は「石油購入のためにはドルを貯めなくてはならなかった。世界的な需要が高まるドルを連邦準備銀行は殆どゼロコストで発行することが出来た」（カッサ前掲書）。

いまやロシアの石油埋蔵は世界一であり、ガス、レアメタル、ウランなどにも恵まれ、ガス輸出の顧客をパイプラインを敷設して次々と拡大してきた。日本のガス輸入の10％はロシアからである。ロシア原油生産はいまでは日産１２００万バーレル。

「世界の石油消費量は日に８５００万バーレルであり、うち５５００万バーレルは国際間取引によって調達されている」（カッサ前掲書）。ロシアから輸出される石油は世界の取引の15％であることは述べたが、他方、イラン、イラク、サウジアラビアの石油生産は世界の20％を占める。

資源地図が地殻変動のごとく激変した。だから「ペトロダラー」という米ドル基軸のブレトンウッズ体制ががたがたと揺れるのである。この不安定な事態に便乗して世界を揺らしているのが中国である。

ここでもうひとつ留意しておきたいことは米国の方がサウジ離れを起こし、イランに近づいたのではないかという疑念なのである。

15年9月にウィーンで開催された米独仏英露中の六カ国会議は、イランとの核合意を発表したが、米国内のタカ派とイスラエル、そしてサウジアラビアが決定的に反対し「悪い合意」と言った。

にもかかわらず米国はイランの核開発を平和利用の「原発」として認めたのである。なぜか。その謎をとく鍵は「サウジ重視の米国がイラン重視へと基軸を移動させた」からではないのか。

イランとサウジの国力を比べてもイランは七千万人、原油とガス生産は世界のトップレベルである上、ペルシア人は数学や交易の才能があり、砂漠の人口小国サウジとはくらべものにならない。

中東の不安定化で誰が裨益するか？

こうみてくると中東の産油地帯が混乱を極めることはロシアにとっては大いに裨益することになる。

中国にとっても武器が売れるから、結局は有益である。16年1月に習近平はサウジ、エジプト、イランを歴訪した。ロシアと中国の決定的な違いはロシアは産油国、中国は輸入国である。したがって中ロ同盟はにわかな蜜月はあっても長続きはしないだろう。

米国による経済制裁が解除される前までイランは闇で石油を処分してきた。買い手はロシアと中国のほか、インド、韓国、トルコだった。GPSの観測を逃れてイランから積み出されていたタンカーは表向き「仕向地不明」と発表された。

サウジアラビアは増産を続行し、原油代金を劇的に下げるエンジン役を16年1月現在も実行しているが、困窮しているのは表面的にロシアに見えて、じつは米国のシェールガス開発をつぶすことにある。だからプーチンは「ロシアの苦境は2年間」と踏んでいるのだ。

なぜならサウジは米国の中東政策のジグザグぶりに立腹し、とくにシリア攻撃とイスラエル政策に大きな不満を抱きながらも、他方ではバーレンの危機にサウジは一国で対応したが、米国はなにもしなかった。それればかりかチュニジア、リビア、エジプトでおきた「アラブの春」に米国は味方してサウジの国益に立ちはだかった。サウジの米国不信は確定的となった。

そしてプーチンはある時点からイスラエルへ急接近を開始した。

オバマがイスラエルを敵視し始める前のことである。２０１５年10月にネタニヤフ（イスラエル首相）は特別チームを率いてモスクワを訪問し、両国の密接な関係と今後の発展について話し合った。オバマをこけにした外交である。

２０００年にイスラエル沖合に巨大なガス田が発見され、またイスラエル国内に膨大なシェールガス埋蔵が確認された時点と合致する。

ロシアはガス田開発に協力し、イスラエルでのガス商業生産は04年から開始された。そして送油施設に巨費を投じているが、この施設防衛にイスラエルは米国をあてにせず、かわりにロシア海軍に依拠したのだ。

しかしイスラエルは15年11月になって米国と関係修復へ動いた。同月９日、ワシントンを急遽訪問したネタニヤフ首相はオバマ大統領と握手し、パレスチナ問題を解決し、中東和平へ努力することで合意した。この訪米は、米国のイランとの核合意以後、初めてである。

ネタニヤフは15年3月にも、訪米して議会で演説した。「イランとの核合意は悪い取引だ」とオバマ政権の姿勢を批判し続けてきた。オバマは「イランとの核合意でイスラエルとの間に意見の相違があったことは事実だが、わたしの優先課題はイスラエルの安全である」とし、対応したネタニヤフも「侵略とテロからどう身を守るか、協力して取り組むべきであり、重大な機会となった」と述べた。

米国のイラン制裁はドル基軸体制をむしろ弱体化させた。

インドはイランに送金できないから現物の金（ゴールド）で原油代金を支払い、中国は武器と消費財で支払い、ロシアとはバーター取引を実行し、じつは韓国も密かにウォンで支払った。

トルコは第三国経由で金塊をテヘランへ届けた。まさにドル機軸が脅かされ、サウジアラビアが、ドル機軸から脱出する試みをはじめることは十分に予測出来たのである。

ロシアに接近するイスラエル、サウジアラビア、そしてイラン。人民元決済を拡大する中国はこの動きに便乗し、通貨スワップ、人民元決済の拡大と世界有数の市場での人民元取引を増加させてきた。そしてＩＭＦのＳＤＲ基軸通貨入りを果たした。

こうして中東のパワーバランスは劇的に変わり、グレートゲームの基本律が音もなく変調し、とどのつまり、石油決済のドル機軸体制は根底的に脅かされる状況になった。

ところが、このような動きに関心さえなく、忠実にイラン制裁を実行して米国の顔色をみてきたのはお人好し国家、日本である。

中国経済の破綻は秒読み

中国経済の破綻が秒読みとなった。

習政権を待ち受ける「大波乱」はおもに経済の分野が震源となる。

直撃が予想されるのが、株価の大暴落だ。

昨夏の上海を震源とした株式市場の暴落と人民元安は中国当局の猛烈な規制強化、財政出動という〝株価堅持作戦〟が奏功し、いまのところ小康状態だ。しかし、その弥縫策も夏まで持たないだろう。

というのも世界経済が大混乱に陥ったリーマンショックの引き金となったサブプライムローン問題と中国市場の抱えるリスクとは構造が酷似しているのだ。サブプライムローンは、返済能力の低い所得者にまで高額の住宅ローンを貸し出して破綻をきたした。

中国の場合も、金融機関が、返済の見込みのない企業や個人にまでむちゃな貸し付けを行うことで投資を促進している。

「中国経済が従来通りの高成長を維持する」という前提で行われているハイリスクな〝錬金術〟だが、この前提はすでに崩れている。中国経済の失速を象徴するのがＧＤＰ（国内総生産）成長率の鈍化だ。

毎年、３月の全人代でＧＤＰ（国内総生産）の達成目標が発表されるが、昨年は、当初目標の７・５％を達成できずに６・８％にまで落ち込んだ。今年はより激しい悪化に見舞われることが予想される。そもそも現段階でも政府発表の数字は水増しされている疑いが濃い。

中国の企業側が発表した統計によると、成長していれば、伸びるはずの電力消費や貨物輸送量が、ともにマイナスを記録している。このことからも偽装は明らかだ。こうした実情を知り、すでに外国企業や個人資本家がこぞって中国市場から資金を引き揚げており、その流れは止められない段階にきている。

いまは、「為替管理」という強行策により危機は先送りされているに過ぎない。短期的にはやや楽観的に状況が推移してゆくだろうが、中期的には悲観的となり、長期的展望は絶望が広がる。

安定的に株高を維持するための個人投資家が消えた。今は政府機関がなんとか買い支えしてもっている状態だ。ただ、その資金はせいぜい半年ぐらいしかもたない。2008年に米大手投資銀ベアー・スターンズの危機が顕在化して、適当な対応しかとらなかったために数カ月後にリーマンショックが起きた。これと同様に昨夏の「上海ショック」が大暴落の予兆となる。

習政権肝いりのAIIB（アジアインフラ投資銀行）も不安要素が多い。運転資金の貸し付けを行うための起債に応じる国家や機関投資家が見つかっていないのだ。現在、中国とタイの首都バンコクを結ぶ高速鉄道や、中国からラオスの首都ビエンチャンに至る高速道路の計画があるが、資金のメドはついていない。

韓国が起債に名乗りを上げているものの、国内経済の逼迫によって資金がそこに回せるか疑問符が付いている。計画の大幅な延期や破綻が続発する懸念がある。

外貨準備は激減し、中国人観光客による「爆買い」は〝突然死〟を迎える。これまで断続的に起きていた暴動や労働争議が急増し、治安は一気に悪化することになる。

どう考えても習近平体制は盤石とは言い難い。

腐敗撲滅をうたった「反腐敗運動」が続き、相次ぐ粛清で官僚らは戦々恐々となっている。その影響で行政がまひしているため、経済は沈滞の一途である。また実権を掌握したといわれる人民解放軍も面従腹背だ。

表立った反乱の芽はなくとも、不満は爆発寸前。とても「軍権を押さえた」とはいえない状態である。むしろクーデターの可能性が高まったとみるべきだろう。

胡錦濤前国家主席率いる「団派（共産主義青年団）」の動きも気になる。経済の失速によって民衆の不満が爆発し、社会的擾乱が起きるタイミングで、習政権と微妙な距離を取る彼らの反撃も予想されるからだ。いずれにしても２０１６年の中国経済に激震が走ることは間違いなさそうだ。

このようにして世界史のグレートゲームが地殻変動ともいえる大変化を遂げているとき、いったい日本経済は状況に適切に対応していると言えるのか。

これからの激動の時代に、日本はいかにしてサバイバルが可能なのか。

第二章　日本経済が漂流から立ち直るとき

日中関係は冷却のまま推移するだろう

日本政府は対中姿勢を硬軟使い分け、米国との協調を軸に「地球儀を俯瞰する」という外交を安倍首相は力強く進めているが、経団連、同友会、商工会議所など日本財界は中国詣でを繰り返して、まさに「政経分離」路線、つまりちぐはぐである。

だが国際情勢の激変により、日中関係は良好とはならず、険悪な状態が続き、同時に日本経済は中国経済失速の悪影響をさらに受けることとなるだろう。以下にそれらを考察してみたい。

あらたに駐日中国大使に決まったのは邱国洪氏だが、大阪領事館公使、総領事をつとめ、日本語は堪能という。直前まで駐韓国大使だった。前任の程永華大使は創価大学留学組で、六年の長きに亘っての在任中は反日暴動が吹き荒れるなど日中間に緊張が高まった時期だった。帰国後は六者協議の特別代表となるようだ。

ともかく大使が替わったところで基本の両国関係は大使がひとりで動かせるものではない。まして中国にとっては日本に対しては格落ちの人事を行ったといえる。

日本経済にいまや強い影響力をもつ中国だから、その中国経済がどうなるかを先に展望しなければ、日本経済の将来を正確に展望することはできない。

ノーベル経済学賞のクルーグマン教授も次のような警告を発している。

「中国経済は公表される数字が信用できない。実際の数字は公表される数字の半分以下の可能性すらあります。(2015年)11月末、IMFが中国の通貨・人民元の主要通貨入りを決定しました。これをもって、次のように語る専門家がいました。『かつて世界の基軸通貨がスターリング・ポンドからドルに変わったのと同じようなことが、いま人民元に起きている』。『アメリカが超大国の地位にのぼりつめる上で、こうした通貨の地位向上は決定的な要因だった』。しかし、これは現実をまったく理解していない意見です。

まず人民元が主要通貨入りしたからといって、中国の実体経済にはほとんど影響はありません。さらに、アメリカが超大国になったのはその経済自体が巨大化したからで、ドルが基軸通貨になったことによるものではないのです。そもそも、人民元が主要通貨入りしたからといって、人々は人民元を現金で持ちたいと思うか、また人民元建ての債券を持ちたいと思うか。まったくそんなことはないでしょう。現在の中国はかつての日本よりもさらに極端な投資バブルの状況にあり、それが弾ける寸前のところまできているのです。企業や地方自治体は、返済能力を大きく超える債務を抱えています。これが破裂すれば、日本で起きたバブル崩壊よりはるかにひどい状況になるでしょう。そうなれば、〝隣国〟である日本への悪影響も甚大なものになるのです」（『週刊現代』、15年12月26日号）。

古代中国には『算経』があり、「礼樂射御書数」という六藝の一つだったが、いまや経済統計はでたらめ、政治的意図、思惑が露骨に反映する経済指標はすべてつくりものである。

中国人の杜撰《ずさん》きわまりない特質と民族的な性格から経済活動を判断すれば、ＧＤＰが世界第二位で７％成長などということはあり得ない。明らかな嘘である。

なぜかくも荒唐無稽な数字がまかり通るかと言えば中国では経済も政治に従属するからである。

歴史学を中国の大学では政治学部で講じるように、経済学も政治学部でおしえていたのだ。そうであれば、中国の経済指標に政治意図が露骨に含まれるのもよく了解できる。

そもそも通商国家の存立条件とは相手国の経済繁栄と購買力であり、「共存共栄が欠かせない」にもかかわらず、中国は「中華民族の復興」だけを目標に相手国の利益を踏みにじっている。

かく言う事情通の黄文雄は続けて次のように続ける。

「中国の経済数字についての信頼性が薄いのは、文化的、社会的な理由があるが、政治的、経済的な理もある。中国経済は超経済的な特質をもつので、外部だけではなく、内部の国家指導者さえ、把握できないという『不可知の謎』に包まれるからだ」（黄文雄『断末魔の中国経済』、ビジネス社）。

したがって「古代中国には『算経』があり、『礼樂射御書数』という六藝の一つに数えられる。『正史』や『古典』には、細かい数字の記録もあるが、『十中の九八』や『大半』などどんぶり勘定の『概数』」となる。「しかも人口統計さえいい加減な国、首相が質問されると『天暁徳』（神様しか知らない）と答える国」（黄前掲書）なのである。

中国の債務はＧＤＰの２９０％である

中国は景気浮揚のため財政出動、地方政府の融資平台、シャドー・バンキング、理財商品などを認めて天文学的巨額を借り入れたが、その債務の償還がやってきた。

中国の債務はＧＤＰの２９０％（16年1月、フィナンシャル・タイムズ）である。２０１５年末に債務残高の半分、２０１６年末に新しい借り入れが重なるため65％の償還時期がくる。返済は明らかに無理だから借り換えをしなければならない。

この借り換えで日本の協力を仰ぐべく、中国は対日姿勢を和らげているのであり、日本は騙されてはならない。

借り換えの原資を中国は地方政府の債権発行ならびにロンドンなどでの人民元建て国債でまかなうらしいが、これも日本は手を出してはいけない。

手元不如意は歴然としてきた。だから保有する米国債をすこしずつ売却し、備蓄した金も市場で売り払って手元資金を調達している。金の国家備蓄は３０００トンと予測されていたが蓋を開けると三分の一の１０５４トンだった。中国は金備蓄も大幅に取り崩していたのだ（日本はこの分は買いたたいても良い）。

鳴り物入りだった中国の国富ファンドの最近の「活躍」が伝わらなくなった。サウジやクエートの国富ファンドに迫る3000億ドル規模の豊饒な資金が有益な「投資」にまわされていたと思いきや。

この中には5兆円にものぼった日本株があったが静かに売却していた。日本企業の株主リストは公開されており、豪のオムニバス・ファンド（中国国富ファンドの別働隊）の名前が見つからなくなった。中国は日本株をほぼすべて売却していたのである。これは日本企業の安心に繋がる（ついでにいえばサウジも日本株所有を三分の一に減らした。そのうえサウジは赤字国債の発行に踏み切る。つまりサウジも手元不如意だ）。

中国の外貨準備高は「帳面上」、世界最大となって3兆6500億ドル（15年6月末現在）だが、それなら何故、米国債を徐々に取り崩したのか？

中国は2015年7月―9月の3カ月だけでも2290億ドル相当の米国債権を市場に売却し、大規模な為替介入をしていたことが分かった。10月になって米国の財務省が公表した。つまり外貨準備は6月末で3兆6500億ドルだったのだから、さらに2300億ドルをマイナスすれば3兆4200億ドルに凹む。

外貨準備にはからくり、それも史上稀な詐欺的作文がなされている。「世界一」の外貨準備高を誇る中国の化けの皮が剥がれ、ドル資産は一夜にしてブラックホールに吸い込まれたかのように消えることは近未来におこりうる。

　ＣＩＡ筋の調査で中国から不正に流れ出した外貨が３兆８００億ドルとされる。となると繰り返すが、15年６月末の中国の外貨準備が３兆６５００億ドルだったのから単純に引き算しても５７００億ドルでしかない。

　しかし単純な引き算ではなく、もっと複雑な要素がからむ。要するに中国は嘘に嘘を重ねて膨らませてきた結果、何が本当なのか中国自身、わからない状態、これを「新常態」と言い換えている。

「爆買い」がおさまりつつあるのは外貨持ちだし制限、銀連カードの上限半額など急速冷凍のような外貨規制を強めたからだ。外貨準備を減らしたくないためである。

　脱線ついで書いておくと中国人の爆買いブームはまもなく突然死を迎えるだろう。比例してロシア人の爆買いツアーは70％も急減している事態が参考になる。

　すでに２０１４年からその傾向は顕著だった。原油安でロシア人の懐が凹んだことも大きな要因だが、欧州各国の対ロ制裁がじわりと響いた。しかしロシア人の外国旅行が突然死のように冷え切った最大の理由はテロだという。ロシア人の海外旅行の目的地は34％が西欧、それもスペイン、ギリシア、クロアチアなど比較的物価が安く、治安が安定している場所である。ついで人気が高かったのはエジプトとトルコである。キプロスやインドのゴアもロシア人がリゾートを求めて夥しくやってくる。モスクワから直行便も乗り入れている。

激減の発端はエジプトのシャルム・エル・シェイクから飛び立ったロシア機がテロリストの仕掛けた爆弾で犠牲になった事件以来である。ついでトルコで起きたロシア戦闘機撃墜によってロシアが発動した「旅行延期勧告」で、トルコへ行く観光ツアーは軒並みキャンセルされた。

タス通信（12月9日）に拠れば、海外旅行専門代理店は2050社から650社へと激減した。さらに2016年には350社が閉鎖され、残るのは300社に淘汰されるだろうと悲観的予測が語られている。このロシアの動き、明日の中国に当てはまるだろう。既にマカオは旅客（というより博打客だが）が半減し、香港では中国から買い物ツアーが息切れ、売れ行きが不振となった。日本でもすでにビックカメラ、マツキヨ、コーセーの株価が失速し始めているのも、その前兆であろう。

対外資産は不良債権が大半だ

さらに根深い問題は中国の対外純債権の誤魔化しである。

5兆ドルあるとされた海外資産は、実際のところ多くが不良債権なのだ。

たとえばベネズエラに投資した額は200億ドル前後と見積もられる（このなかには鉱区買収を発表だけされ、実際の開発が進んでいないプロジェクトも含まれる）、アンゴラへの海底油田への投資は焦げ付き、リビアでは百ものプロジェクトが灰燼に帰した。ニカラグア運河は工事が開始されたものの資金が続かないだろう。

インドネシアで日本から横取りした高速鉄道工事とて赤字覚悟で中国は最後までやり遂げるか？　げんに16年1月末、まだ正式の契約はされていない。

以下、スリランカ、ジンバブエ、スーダン、ブラジル等々。世界中で中国が展開した世紀のプロジェクトが頓挫するという惨状である。つまり対外純資産は激減していることを意味する。

あまつさえ豪、カナダ、ニュージーランドなどには鉄鉱石鉱区を買収し、開発していたが、鉄鋼不況に遭遇し、開発を中断した。このあおりで豪ドル、カナダドル、NZドルが下落した。ブラジル、アルゼンチン、南アもしかり。

日本はこれら資源鉱区を買いたたくチャンスでもある。

中国の2013年末の海外直接投資残高は6605億ドルだったが、15年3月には9858億ドルと急激な増加が見られる。15年3月末の対外債務残高は直接投資が2兆751

5億ドル、証券が9676億ドル。合計3兆7191億ドルとなる。

もう一度、繰り返すが中国の外貨準備高は3兆6500億ドルとすれば、差し引きはマイナス691億ドルではないのか。

こうした実態がごまかせたのは中国へ外国からの直接投資と証券投資が継続されてきたからである。ドイツ、韓国が象徴するように、まだ対中投資を増加させている国々があり、欧米ファンドも香港経由で証券投資をしてきた。それが15年6月からの上海株式暴落と、人民元切り下げ、不動産バブル壊滅を目撃して、一斉に海外へ引き揚げを始めた。

あたかも津波がざっと去っていくように、津波被災地のあとに残るのは残骸と曠野！

日本の対外純資産に対しての外貨準備高比率は16％だが、中国のそれは59％（数字は武者陵司氏。ＪＢプレス、2015年9月2日）。つまり史上空前のネズミ講のからくりが、数字から推測できる。

どう考えても次は人民元の大暴落だろう。


最近のニュースでも「アリババ」のジャック・マーが記者会見を開き、ハリウッド映画パラマウントに買収をかけたことを発表した。

さきにも大連の大富豪、王健林がハリウッドへ乗りこみ、有力な映画会社数社を訪問し、買収を物色したことがあるが、当時まったく相手にされず、その代わりに全米映画館チェーンを買収した。

馬雲（ジャック・マー）はしかし共産党の傀儡となりさがったようだ。

香港の名門紙「サウスチャイナ・モーニングポスト」（中国語名＝南華早報、本社＝香港大埔工業団地）は112年の歴史を誇る英字新聞だが、この老舗を乗っ取るというわけだ。サウスチャイナ・モーニングポストは創刊当初、英国植民地として香港政庁の官報的存在だったが、香港返還後も北京政府批判の姿勢は堅持された。発行部数は僅か10万部(日曜版「サンディ・モーニングポスト」は8万部）とはいえ、その影響力は香港、アジアばかりか世界中の華僑の間に絶大だ。

香港でも知識人、学生は殆どが愛読しており、東方日報ほどの親中派でもなく、自由民主と資本主義の立場は守られてきた。これまでにも世界の新聞王といわれたルパート・マードックが同社を買収し（87年）、ついでマレーシア華僑の郭鶴年（ロバート・クォク）のケリー集団が再買収した。郭鶴年はマレーシア一の財閥で、全世界の華僑富豪の第四位。個人資産170億米ドルで砂糖ビジネスで成り上がった。郭鶴年は93年にマードックから3億5000万米ドルで34・9％の株主となり、株主集団としての「SCMP集団」を形成し、中国政府批判は穏やかになった。主にビジネス界の動きを追う特色が広く受け入れられ、14年の営業利益は18億円だった。

今回、アリババが買収する額は20億6000万香港ドル（邦貨330億円強）、株主への現金が上乗せされるためSCMP集団は差益が転がり込む。郭鶴年は世界各地にシャングリラ（香格里拉）ホテルを経営しているため、中国共産党高官にも食い込んでいる。しかし本業はあくまでホテルと関連不動産である。

他方、アリババはこの買収に関して「デジタルのニュースをもっと総合的にするためのもの」としているが、香港の知識人の間では「北京の代理人としてメディアに介入し、北京批判勢力を黙らせる先兵になるのでは」と疑念の声が強くあがっている。なぜなら買収金額が異様に高く（ベゾスのワシントンポスト買収は303億円だった）、反面から言えば郭鶴年の「高値売り逃げ」にもなるからだ。


上海を拠点とする投資集団「復星集団」のCEO、郭広昌が12月10日から四日間、行方不明となって市場関係者を慌てさせた。

同集団は「中国のウォーレン・バフェット」と呼ばれる巨大企業、日本でも星野リゾートトマム株を100％保有しているように強気の買収作戦で急成長してきた。

華字紙の多くは「上海市副市長、党常任委員」だった艾宝俊の失脚に絡んで中央紀律委員会に拘束、取り調べを受けていると推測記事をのせた。両者の共通ビジネスは曰く付き企業「海南鉱業」の上場だった。

２００7年に海南海鋼集団が、上海復星集団と合弁で設立された。前身の「海鉱連合」が6億元、上海復星集団が9億元を出資した。この海南海鋼が上海上場を申請したのが２０１２年。そして14年に上場を果たした。

ところが、これまでに営業利益は57％もの激減ぶりで取引停止となった。復星集団は上海株式市場に関連会社を含めて21社が取引されており、時価総額は３０６８億元（邦貨6兆円強）というマンモス集団である。したがって米国に上場されている復星集団の関連企業（博納影業、新波など）四社は米国の株式市場で12月10日に３・３％から４・５％の下落を示した。当然、上海株式にはねかえり、大下落となる。

中央紀律委員会はこれまでに29名の金融界の大物を拘束しているが、香港の証券界の大物も12名が「行方不明」となっている。

行方不明だった郭広昌は12月14日に上海で開催された同グループの年次総会に突如出現し、大きな拍手のなか、演壇に立った。郭は「当社は中国の経済発展に貢献し、さらに産業の競争力を高める分野に投資してきた」と強気の方針を語った。しかしインサイダー取引の捜査対象となった経過には一切言及しなかった。背後にある中国太子党と米国ヘッジファンドの黒い関係は依然として謎のままである。だから郭の登場にもかかわらず同集団の株式は翌日も10％の下落ぶりだったのだ。

ともかく不透明な市場が清浄化されない限り、中国株の強気相場が再現されるシナリオはまったく考えにくい情勢だ。

日本への悪影響は予想より深刻

「その後」を予測するには現状から展望するのが近未来への対応策である。

15年8月、人民元を小手調べのように4・6％も切り下げてみたが、世界の通貨市場に動揺を与えて中途半端なまま、輸出増大に直結したという現象はまだない。

人民元切り下げが世界的に連鎖影響力をもったことは予想をこえるものだった。

ＩＭＦの基軸であるＳＤＲ入りを悲願とする中国は、為替の変動相場制度への移行が不可欠となる。日本の投資家どころか世界の投機筋が虎視眈々と狙っているのは、そのときこそ人民元の空売りが出来るまたとない好機だからである。

輸出産業は人民元安になれば、競争力を回復できると見積もられるが、それも甘い観測である。むしろ「切り下げになった分だけ値下げせよ」とバイヤーに言われ、輸出企業は工場の規模を縮小させ、海外へ移転するしかない。人件費の高騰で中国が「世界の工場」と言われた日々は遠い昔のことになりつつあるからだ。

人民元高は原油・ガス・鉄鉱石などの原材料の輸入に有利だが、すでに生産の低迷と在庫の積み上げで、あまり意味がない。それより人民元安はインフレをまねく可能性が高い。インフレは庶民の最大の懸念、政府への不信が増大せざるをえなくなる。

最も懸念されている事態とは、すでに中国に見切りを付けた外国資本のエクソダスであり、しかも加速度をつけて中国から大量の資金が逃げ去った。

ついに有力企業の倒産も顕著となった。

社債のデフォルトは太陽光パネルの超日太陽能科学技術集団が嚆矢となって以来、佳兆業集団（不動産開発）などと続いた。社債が紙切れになるという意味は企業倒産である。倒産ラッシュは毎月４０００社ともいわれたのが15年末の現象だった。

日本企業への悪影響は顕著にでてきたが、中国の取引先の倒産によって、連鎖倒産に追い込まれた日本企業が目立つようになった。

今後、もっとも深刻な影響を受けそうなのは伊藤忠である。

伊藤忠は２０１５年売り上げで三菱商事を抜いて商社トップとなったが、中国ＣＩＴＩ

Cへの出資が1兆2000億円にものぼるチャイナリスクを抱えている。これはタイの華僑グループと組んで、中国国務院直営のCITICへ出資をしたもので、背景には李克強首相の強い要請があったともいう（『週刊文春』、15年11月19日号）。

かくして上海株暴落が直接のきっかけとなって外貨が流出し始め、公式発表がないが、外貨準備が激減し、このため中国は人民元売りに規制をかけ、自由化に逆行する政策を繰り出した。

日本株は、米国、マレーシアなどと比較すると相対的に対中輸出依存度が低い。その理由は日本企業の戦略レベルではカントリーリスクを勘案して「投資リスク分散」という考え方に基づいており、せいぜい4％程度の悪影響しかないはずなのに、中国関連株は20％前後もの下落をみている。

これは東京市場を主導するのが、もはや野村證券ではなく、ウォール街だからである。彼らは日本経済の先行きなんぞどうでもよく目先10秒先、1分先の勝負をかけて、先物予約を高く売り、欧米市場の反応を見て、また安く買うというコンピュータによる巧妙な手法を用いているため理論値以上の株安を上海ではなく、東京市場が演じた。

犠牲となったのは中国とのビジネスが深いコマツ、JFE、資生堂、ファナック、京セラ、日本精工などで、これらの企業が打つべき対策は「脱・中国」の企業広報と空売りされないように自社株の買い取りであろう。

ことほど左様に中国の経済破綻は、日本経済に直截な破壊力をともなっており、日本株上昇の可能性は当面、遠のいたと見るべきだ。

いずれにせよ中国経済の破滅は日本経済にとっても深刻な問題である。

爆買いブームはすぐに終わる

ドンキホーテ、ユニクロ、ラオックスの爆買い中国人は転売が目的であり、富裕層は東京で最高額の不動産を購入している。

前節までにも触れたが、中国人ツアーの爆買いブームがおわる兆候がある。

外貨持ち出しの上限が15年8月からひとり千ドルとなり、「銀連カード」の上限も半減された。しかも中国国内の景気低迷は予測より深刻なため、中間層は一斉に財布のひもを締めだした。海外旅行どころではなくなったのだ。

大連は日本企業の進出メッカの一つだが、撤退が相次ぎ、天津も爆発事故以後、操業もままならず撤退を決めたが天津市の許可がおりない日本企業が目立つ。

高級レストランは「ガラガラ状態」ではなく、「閉店」が相次いでいる。北京の日本人学校は生徒数が600名から400名に激減している。

所得水準も急減しており、求人広告に数倍の応募。大卒の給与は4000元から3000元に急落、一方で豚肉に代表される消費者物価が高騰しており、庶民の生活苦が浮き彫りになってきた。「虎退治」（反腐敗キャンペーンで大物を狙う）で人気を高めていた習近平への不満の声が高くなった。

日本に爆買いに来ていたのは主として中間層で、「中国製のユニクロをなぜ、中国人は日本で買うのか」と疑問視する向きが多かった。これは中国より日本で購入したほうが安いからである。

なぜなら人民元の高騰により、中国で買うよりも日本のほうが安いという奇妙な現象は為替レート問題が筆頭の原因であり、ついで消費税が免税になるため二重に安い。ドンキホーテ、マツモトキヨシ、ラオックスなど、その場で免税書類の手続きができる。デパートもそうである。ちなみにスタバも吉野家も、北京より日本のほうが安い。

庶民の狙いは「転売」が目的だから、これからも胃腸薬、粉ミルク、紙おむつなどの爆買いは続くだろう。そして中国経済の本格的な失速により、これらはいずれ緩慢に収まるだろう。

その一例が日本の観光地における高級レストランの動向だ。中国人ツアー客がいま列を作って食事をしているところは、立ち食い蕎麦、吉野屋、回転寿司、マック、松屋であり、高級レストランには寄りつかなくなった。寿司の店長に訊いても「最近はランチの最低価格のものを頼む中国人しかいないし、それも少数になりましたね」と嘆くほどの様変わりである。

こうしたマイナスの連鎖はつぎに（1）中国との関連が深い企業のさらなる株安（コマツ、ダイキン、ファナック、神戸製鋼など）。（2）中国内需の落ち込みで中国市場を狙った資生堂なども業績不振となる。（3）鉄鋼などは中国の在庫処分ダンピングにより価格競争に勝てないなどが考えられる。

また労働争議の深刻化は、一日平均５００件、年間20万件もあって、枚挙にいとまなく（1）社債デフォルトなどにより突然の工場閉鎖（2）経営者の自殺、夜逃げなどにより争議をおこしても相手が不在なので街頭へでて暴れる（3）賃下げ、人員整理を不服として山猫スト、操業ボイコット、工場ロックアウトなどが頻発して、社会擾乱を出現させている。

２０１５年10月6日、ＳＷＩＦＴ社が発表した国際的な決済通貨のシェアは以下の通り。

米ドル　　44・82％

ユーロ　27・2
英ポンド　8・46
人民元　2・79
日本円　2・76
僅かに0・03％だが、人民元が日本円を抜いた。
しかし外貨流出を防ぐため、中国当局は海外旅行の持ち出し外貨を極端に制限した。
銀座の現場はどうなったか。筆者はさっそく銀座へでかけた。相変わらず蝗の大群、観光バスがひっきりなし、集合場所で中国人を降ろし、あるいは集めているが、荷物が少ない。「えっ?」という感じである。
銀座四丁目あたりで、中国人が電話で大声をあげているので、何を喋っているか訊いていると「バスの集合場所が分からない」「いま和光の前だけど、そこまでどう行けば良いのか?」
殆どの中国人ツアーが日本でも通話可能なスマホを持っていることには驚かされたものの、爆買いの様相からはほど遠いのだ。
免税店の幾つかを見学したが（見学時間は15年9月のある日、午後4時半から5時半ごろ）、ラオックスは閑古鳥、銀座通りの有名ブランド店＝ルイ・ヴィトンやフルラァ、テイファニーにもまばらにしか客がいない。レストランも高級店をさけ、吉野屋とか、ラーメン屋、ファストフードに客が溢れているが、寿司屋では殆ど見かけなかった。

問題は日本の不動産である。

いまも中国の富裕層が日本の主要都市で高級物件を漁り、投資を続行している。

過去十年来の高値という赤坂の豪邸のある物件が13億円強で中国人の富裕層が購入していたことがわかった。この豪邸は赤坂の一等地にある洋館で建坪390坪、三階建てでバルコニーに庭がついて、徒歩五分でアメリカ大使館、カナダ大使館に行かれる。個人用住居としてこの豪邸の価格は2011年以来、東京の不動産価格では最高値をつけたという(多維新聞網、2015年10月9日)。

グローバリズムという「妖怪」

日本経済の近未来を暗くするもう一つの要素はグローバリズムの過度な浸透と過剰な期待である。

グローバリズムという、わけのわからない主張を展開する社会主義者の、「革命家」という表の仮面を剥がすと、そこには、「国際金融資本家」という真相の風貌が現れる。

ロシア革命も、支那事変も、「日米戦争」も、かれらがウィルソンとルーズベルトを操作して巧妙に仕掛けたという裏面があった。

日本の近現代史は自虐史観に脳天を侵されて久しく、左翼歴史家はとくに階級史観や社会主義が進歩であるという奇妙なメンタリティに取り憑かれ、「不確実な明日のために確実なこんにち」をぶちこわし、破壊することに熱中してきた。

グローバリズムにおける金融至上主義は、通貨発行権が民間企業でしかないFRB（連邦準備制度理事会）が持ち、法定通貨を発行しているという事実に求められる。

プーチンを悪役に仕立て上げるためにウクライナに暴動、騒擾を惹起したのは、「かれら」だった。プロの傭兵軍団をウクライナ東部に投入し、プーチンをそそのかしてロシア軍の介入を呼び起こし、プーチンの転覆を謀ろうとした。それらはジョージ・ソロスの論文などでも明らかだが、慎重且つ入念に対応したプーチンが役者が一枚上だった。

国益を考えてみれば、日本は最大の仮想敵中国の背後にあって、つねに中国を脅かすロシアに欧米と束になって敵対する必要はないのである。

ならば中ロ蜜月はどうなるか、という問題があるが、馬渕睦夫『アメリカの社会主義者が日米戦争を仕組んだ』（ＫＫベストセラーズ）の回答は明快このうえない。

すなわち「中国経済は日米欧などの製造業が進出したお陰で急速に発展した模倣経済に

すぎないことから、（ロシアがいかに）中国との経済関係を強化しても、ロシア経済の近代化に繋がることは決してありません」。だから中ロ蜜月など、ときが来れば雲散霧消するのである。

なぜか。英国元首相パーマストンの次の箴言がある。

「永遠の敵国はいない。また永遠の友好国もいない。永遠に存在するのは国益のみである」と。

グローバリストの正体は社会主義。彼らのなかには「日米戦争」をしかけた陰謀家がおおく、なによりも支那事変とは日本と中国の背後にあった英米との戦争であったように、表面のあぶくだけを見ていると、地下水流の流れはつかめないのである。

それにしても共産主義国家では、いかに簡単に生命を軽んじた大虐殺が繰り返されるのだろうか。

「彼ら流の『あるべき未来の姿』というイデオロギーには現実を無視するという論理的必然性があるからだ、未来のみに軸足を置き現在を無視する。結局、道徳を無視する結果」（馬渕氏前掲書）を産むことになるのである。

ロシア革命も、中国革命も、カンボジアのポルポトの大虐殺も、すべてはそうだった。

現在日本に予測される最大最悪の事態とは中国の経済失速（それはいまや秒読みだが）

により中国で本格的な暴動が発生し、中国経済が壊滅するときに排外主義の謀略、暴力が起きる可能性である。

前出の馬渕氏が続けて次のように言う。

「暴動が反政府運動に発展し、反政府運動の矛先をかわすために中国政府が排外主義を扇動する可能性が強い」

となると上海事件、満州事変、済南事件、通化事件のように駐在邦人の大虐殺がまたおこりうるだろう、と不気味な近未来を予測する。

ならば中国退場以後の世界経済はＴＰＰが牽引するのか？

日本では「ＴＰＰに活路あり」などと獅子吼し、これは日本経済の活性化に繋がり、しかも「中国抜き」だから日本は安心と楽観論を述べる人がいる。基本的錯誤である。

第一、米国議会が批准するのは２０１６年11月の大統領選挙以後になり、即効は望めないからである。

第二、ＴＰＰは95％の関税自由化により、オレンジ、葡萄などが壊滅的打撃をうけるとされるが、問題は農産物だけではなく、社外重役などアメリカのルールに企業ガバナンスが変更されるという一大事件なのである。

平和憲法がアメリカ製であることは誰もが知っているが、じつは憲法の根幹から枝分かれする刑法、民法、商法はすでにアメリカ法の植民地と日本を化しており、ついで年次改革要求に盛られたような「諸改革」（郵政民営化など）以後、日本の金融市場はウォール街の論理とルールが支配し、東京の株価はウォール街が決めることとなった。

つまり日本の主体性は奪われ、「米国の金融植民地」に堕したのだ。この体たらくの日本はＴＰＰでさらにアメリカの従属国化し、経済政策の主導権さえ脅やかされる。アベノミクスの「新三本の矢」がかくも不評なのは当然の帰結だろう。

第三は中国の死にものぐるいの巻き返しが却って世界経済に害悪を及ぼすと予想されることである。

追い詰められ崖っぷちに立った中国は手形のパクリ屋が土壇場に大勝負をかけるように、空前の風呂敷を広げた。

中国は戦後世界経済を規定したブレトンウッズ体制に挑戦しはじめ、ＩＭＦのＳＤＲに人民元を強引に加盟させるロビィ工作を展開し、とうとうＩＭＦは人民元を認めた。

米国の意向を無視してこの動きを背後で支えた独英両国は、それならば中国の通貨取引の拡大で裨益するだろうか。

人民元という米ドルペッグ制のままで完全な変動相場制を拒否する通貨は、中国当局の規制が多すぎて利便性が希薄、そんな通貨がアジアで主軸通貨になる？　ＳＤＲ加盟によって中国の人民元が世界経済にそれなりの位置を占められるかと言えば、中国との貿易取引でしか使えない通貨であり、ドルやユーロを凌駕することは考えにくいのである。

しかし「騙した方が勝ち」という中国のやり方は軍事・政治方面ばかりか、経済戦争にも適用される。

外貨準備が底をつき、国内在庫処分と失業の輸出が、簡単にいえばＡＩＩＢ（アジアインフラ開発銀行）、ＢＲＩＣＳ、一帯一路（海と陸のシルクロード）という三点セットの狙いである。日米両国とカナダはＡＩＩＢに強く反対してきたが、途中で英国が裏切り、ドイツがそれにつづいた。

しかも英独はＡＩＩＢに巨額を出資するばかりか、自ら北京に駆けつけて人民元起債の債権市場をロンドンとフランクフルトに運営するとした。まったく親中派もびっくりのカネカネカネを求めるいやらしさだが、正面から米ドルに挑戦する中国の強い味方となったわけである。

とはいえ金融市場とは起債の幹事行の手数料、取引のコミッション等が増えれば良いというのが英独両国の考え方である。この場合、人民元は稼ぎのカードでしかなく、また中国の株式が崩落し、人民元の暴落が始まれば大やけどを負うであろう。

追い詰められた二流の指導者は戦争という悪魔の選択をしがちである

軍事方面で最大の懸念は中国は経済を失速させて、いつまで軍拡に耐えられるかという問題と、切羽詰まれば二流の指導者は戦争に打って出やすいという歴史の教訓である。

南シナ海の岩礁をめぐる軍事力の突出は、中国の人工島建設に対してアジア諸国のつよい反撥を誘い、フィリピンとベトナムは当該海域で中国と対峙する。米国海軍の駆逐艦は中国の主張する領海のなかに入ったし、今後は豪、インドなどが加わった共同作戦が展開されるであろうから軍事的緊張は続く。我が国の海上自衛隊と米海軍は南シナ海で共同軍事演習を行ったし、別の海域では離れ島奪回作戦の訓練を行った。後者は明らかに尖閣諸島有事を想定している。

孤立化を認識した中国はカネをちらつかせプロジェクトを口実としたロビィ活動を展開し、アセアンの団結を分断した。越比以外は対中批判でも腰が定まらずアセアンは反中ではまとまらなかった（11月初旬、クアラルンプール「アセアン拡大国防相会議」）。

これからも米国が軍事介入を続けるにせよ、中国自らが南シナ海からの撤退が考えられず、アジアと環太平洋諸国の関係をますます複雑化させるだろう。

日本は何が出来るかといえばアデン湾の海賊退治に派遣されたわが自衛艦隊がベトナムに「給油」のために寄港するというジェスチャーを示したくらいだ。このうえは米軍との共同訓練、もっと露骨に言えば第七艦隊をまもる哨戒活動の強化という選択肢くらいしか現有兵力では考えられない。しょせん、外交力というのは裏付けに軍事力がなければ成立しない。

米国の核の傘にはいり第七艦隊の補完の役目しか与えられていない自衛隊は、自前の防衛思想さえないという貧困な状況の中、独自の核武装どころか、独自の空母も長距離爆撃機もない。だからアセアン諸国は日本が頼りにならず、中国に対して腰が引けるのも無理はないだろう。

意気軒昂なのは南アジアの大国インドであり、この国の経済は今後も躍進することは火を見るより明らかである。

こう考えてくると見通しの悪い近未来も透けてみえてくる。当面、日米欧が基軸の経済構造に新興国が加わる複雑な新系列で国際経済秩序が模索されるだろう。

第三章　米国はどこまで復活するか

習近平訪米は大失敗だった

オバマ大統領は中国に対して従来の柔軟路線を大きく転換させた。

２０１６年2月に、カリフォルニア州サニーランドでアセアン首脳を緊急招集し、突然ながら、「米アセアン首脳会議」を開催するというのだ。

しかもサニーランドは3年前に習近平訪米のおりに懇談した特別の保養地であり、なにか意趣返しの思惑さえあるかのようだ。表向き、この首脳会議ではＴＰＰ問題で未加盟のインドネシア、タイ、フィリピンなどに新規参加を呼びかける。また台湾も行政院院長（首相）が日本を仲介役にＴＰＰへの新規参加の希望を表明した。16年1月16日、台湾の新しい総統に当選した蔡英文は、当選記者会見でも開口一番にＴＰＰへの参加希望を言った。オバマ政権の本当の狙いはＴＰＰではなく、南シナ海における中国の侵略問題でアセアンがいかに結束するかを測定し、米国との緊密な関係の再構築を模索する機会とすることではないか。

ここに到るまでの米中関係をざっと一瞥しておこう。

在米華字紙『博訊新聞網』が伝えた（２０１５年11月22日）。２０１５年9月の習近平訪米は「鄧小平以来最大の外交失敗だった」と外事工作領導小組が内部報告文書で記《しる》しているという。

「失敗」と総括される理由は三つあり、第一にＮＹ地裁南区裁判所が、訪米直前に在米中国人が訴えていた人権侵害の起訴状を受理したこと。これは在米の鳥永田、孫天鵬らが「中国国内における取り調べの残酷さ、人権活動家の弾圧」などを事由として習近平を告訴したものだった。

第二に人権派の弁護士、ジャーナリストら二百名をこえる拘束にオバマ大統領がめずらしく抗議したことである。

第三はハッカー攻撃について、習近平はいささかの反省もなく不遜な態度をとったため米国をカンカンに怒らせてしまったこと。

習訪米は外交部（中国外務省）を中心に1年前から準備し、各方面が前準備に奔走してきただけに、駐米大使の崔天凱は疲労困憊で吐血したほどだったという。また訪米前に楊潔篪、孟建柱らを派遣し、訪米成果の下工作に当たったが、すべては無駄に終わった。

米国の「米中経済安全保障委員会」は11月18日に『２０１５年版報告書』を議会に提出し、数々の問題点を指摘した。

第一に中国の経済改革、その産業競争力評価がなされ、とくにデジタル分野での貿易障害とハッカーによる産業スパイ活動への警告がなされた。

第二は安全保障方面で中国のミサイルの脅威増大について述べられている。

第三は中国を取り巻くアセアン、中央アジア諸国の実情が述べられ、37の提言が盛り込まれた。

とりわけ注目されるのは中国の為替操作、輸出補助金、過剰投資の危険性であり、また弁護士、ジャーナリストなど自由民権を擁護する人たちの拘束は人道的な問題であること、そして中国における外国企業の活動が制限をうけ、互恵の精神に反していることなど問題点が列記され、米国企業のこれからの中国との関わり方、その近未来の危険性などについて深刻な懸念が表明された内容となっていた。

中国はこうした要求になにも回答しないばかりか、逆ギレして「反テロ法」をいきなり上程し緊急に可決した。この「法律」なるものは（1）ネット事業者に暗号の提供を義務づけ（2）報道各社には「模倣（テロの後追いや類似行為）防止」への規制を強化し、（3）「国家反テロ情報センター」を設置し、（4）しかし、信仰の自由や民族の慣習は尊重する、などとしている。

中国の言う「テロ」の定義とは、「暴力、破壊、脅迫などの手段で社会をパニックに陥れ、公共の安全を脅かし、人身、財産を侵害し、国家や組織を脅迫し、その政治目的を実現する主張と行動をさす」としている。

これをやっているのは中国共産党であり、中国にテロ組織はない。少数民族の独立運動はテロリズムとは無縁の主張であり、中国が一方的にかれらをテロリストと決めつけているわけで、明らかにウィグル族などの不満の爆発を抑え込むのが当面の目的だ。

また外国企業にとっては、ネットの暗号を提供するなどとなると、外国の通信企業の中国におけるビジネスの根幹が脅かされ、中国における商いは大きく制限される。メディアはこれまで以上に自由な報道が出来なくなる惧れがあり、この出鱈目な法律によって撤退を加速する外国企業が出てくるだろう。

しかしながら米国の地位低下ぶりは顕著である。

いずれ南シナ海は中国軍の軍事要塞化するだろう。これは中国に対して米国が甘やかした結果である。げんに南シナ海の要衝に位置するフィアリークロス礁は中国が人工島に埋め立てたが、すでにディエゴガルシアの２倍となっている（豪の戦略分析専門誌「ストラテジスト」２０１５年11月11日号）。

米海軍は「航行の自由作戦」として、中国が支配を企む人工島の12海里以内に駆逐艦ラッセンを投入し、当該海域を航行させたが、「この作戦は３カ月に２回のペースでおこなわれる」とした。しかし米国は中国に事前通告した上、レーダーを停止させ航行したというジェスチャーでしかなく、完全に腰が引けていたのである。

ならば次にどうするのか。

第一は偵察能力を高め、動向をつねに把握するための監視活動強化である。

第二に中国の軍事設備に届く地対艦ミサイル（ＡＳＣＭ）、ならびに豪空軍基地にＰＫＡＡＦ　Ｈ６Ｋ爆撃機を配備するため米豪のすみやかな協議が望まれる。同爆撃機は対地巡航ミサイルＬＡＣＭＳを搭載出来るからである。この文脈では15年12月18日に来日した豪の新首相ターンブルと安倍首相との「日豪共同声明」は注目されて良い。両国は捕鯨問題では意見の不一致があったものの、「防衛協力で共同運用と訓練を円滑化する」「豪は日本の安保法制制定を歓迎」し、「東シナ海や南シナ海の現状を変更しうる威圧的、一方的な（中国の）行動に反対」と銘記されたからである。

いずれ中国は3000メートル級滑走路を造成した人工島を軍事要塞化し、かれらの軍事目的であるA2AD（接近阻止・領域拒否）を達成し、上空の空域を「防空識別圏」とする可能性が高くなってきたと分析した豪の専門誌は、とりわけ日本と豪州との共同防衛協議、共同行動が必要とされ、政治的決断が迫られていると結語している。

米国が立腹し、アセアン諸国が抗議しても、蛙の面になんとか、中国海軍の基本戦略は不変である。しかし2040年に太平洋を米国と分割統治できるか？

鄧小平時代に劉華清によって立案された中国海軍戦略は、着々と進行し、その全貌を露わにしてきた。

第一列島線突破は間近に迫り、南シナ海の人工島埋立による九等線の確保も道半ば、2020年にグアム・サイパンから小笠原諸島をつなぐ第二列島線確保のため、グアムキラー、空母キラーというミサイル群も備わった。

静かに着実に、気がつけば「サラミ戦略」は半ば近く達成されていることが分かる。すでに米空母は台湾海峡から東シナ海へ入りにくくなっており、海兵隊はグアム以東へ主力を移転させる。

川村純彦・元海将の分析によれば、中国のやり方には五つの段階があるという。

第一段階は国際法では認められないことを「国内法」で宣言する（92年海洋法が典型である）

第二段階は「避難」などを名目に漁船群を目標海域に進出させ、乗組員は「海上民兵」といって、軍事訓練を積んでいる（典型は小笠原近海から赤珊瑚を盗んでいった漁船団）。

第三段階は相手国のクレームに備え海警がでてくるが、強力な放水装置と、体当たり戦術などをとって既成事実を積み上げる。これも尖閣諸島では日常茶飯となっている。

第四段階は相手国の威嚇行動があれば海軍が出てくる（ベトナムなど、実際に海軍の軍艦がでてきた）。

第五段階では「平和的話し合い」などと言って外交交渉にうつり、既成事実を背景に交渉を有利にすすめてしまう。

尖閣も台湾も南シナ海も、全ては、この段階設計に基づいて行われており、日本は米国との同盟関係を強め、防衛力を一段と、急速に高めなければならないと同海将は結んでいる。

米国に広がる中国崩壊論

日本のメディアがちっとも伝えないが、米国では中国崩壊論、共産党瓦解論が論壇を席巻する勢いにある。

オバマ大統領の中国に対する態度は明らかすぎるほど冷淡になった。また11月に迫った大統領選挙を控えて各候補、各政党は中国へ激しい批判を繰り出すように政治環境が変わった。

南シナ海の岩礁を埋め立て滑走路など軍事施設をつくっていることに「現状を変えるな、工事を中断せよ」と米国が抗議しても「中国の内政問題だ。アメリカは介入するな」と強硬姿勢を崩さぬ中国に、親中派論客までが立腹し、絶望的展望を述べはじめる。

とくにキッシンジャー、エズラ・ボーゲルほど目立たなかったが、親中派の代表選手ふたりの最近の変わりようといったら。「いまさら遅すぎる」とも言いたいが典型的な「事件」は、親中ハト派のマイケル・ピルズベリーが「中国に騙された」と悔恨の書をだしたことだ。

「わたしは中国に騙されていました。中国は本気でアメリカを打倒する夢に取り憑かれ次々と国際金融機関を騙し、アメリカから技術を盗み取り、日々、その百年の目標に向かって、実行しているのです」というのが、彼が書いた話題の『Ｃｈｉｎａ２０４９』（日経ＢＰ社）の骨子である。

ピルズベリーが言っていることはこうである。「中国の軍事拡張は平和を目ざすゆえになされる」と中国は西側に信じ込ませることに成功した。これに一役買った中国宣伝のラウドスピーカー役を演じたのが、キッシンジャー、ブレジンスキー、スコウクラフト、デイビッド・シャンボー、エズラ・ボーゲルらの「パンダハガー」（パンダに抱《だ》きつくほどの親中派）だった。日本でもごろごろと名前を挙げるいとまもないくらいに、いる、いる。

政治論客はおおよその人は知っているだろうが、たちが悪いのは経済畑の論客等で、中国経済は破綻しない、崩壊論を言っている人たちはあまたがおかしいなどという言説を展開している。

米国の多数は中国の本当の狙いに気がつかず、「貧しい中国を助けるのは良いこと」などと誤信し、貧困中国をなんとか救出しようと、日米欧は支援を尽くした。だが中国の指導者は本音をふせて、芝居を演じてきたのだ。

しかし本当の中国の夢とは習近平のいう「愛国主義による中華民族の復興」の言葉の裏に隠されている。革命から百年後の２０４９年に、中国がアメリカを打倒し、世界の覇者となるという野望を。これが中国の『百年マラソン』であるとしたピルズベリーは「この発想の基本は中国春秋時代の古典の教訓にある」とした。

「才能と野心を隠し旧体制を油断させて打倒し、復讐を果たす」（韜光養晦）。

しかし西側は中国に民主主義を教え、資本主義メカニズムを教えれば、やがて中国は民主化すると無邪気にも信じてきた。結果は西側から巨費を借金して軍拡を果たし、貿易では模造品と海賊版がGDPの8%をしめるほどの悪辣さをみせて外貨を稼ぎ、西側の経済を脅かすうえ、ついには覇権の野望を剥き出しにして、南シナ海の岩礁をつぎつぎと埋め立てて人工島を造成し、3000メートルの滑走路を3本もつくり、大きな軍事的脅威としてアメリカの前に立ちはだかる。

「騙したものが勝つ」というのは中国古来の諺、それを実践しただけのことでもあるが、ピルズベリーもほかの米国人も、気がつくのが遅かった。だが日本の左翼知識人等と異なって気がつくと悔恨するところは正直である。

デイビッド・シャンボー（ジョージ・ワシントン大学教授。ブルッキングス研究所シニア・フェロー）は中国での国際シンポジウムに頻繁に招かれ、北京で一年暮らした体験もあるから中国人学者とも知り合いが多い。

シャンボーはピルズベリーに先んじて反中国論の急先鋒となった。理由は2014年に北京に招かれた学会で中国人学者からそれまでの自由闊達な態度が消え、窮屈そうに決まり切った言辞しか吐かず顔面は凍り付いていた場面に遭遇してからだ。この変化にシャンボーは共産党内部では文革のような権力闘争と粛清の嵐の渦中に藻掻く知識人のひ弱さ、蔓延る汚職、高官子弟らの海外逃亡の奔流を目撃し考えを改めた。

直前にもハト派の代表格とされたジョン・アイケンベリーは『フォーリン・アフェアーズ』に寄稿し「中国に失望した」と書いた。

米国に於ける対中穏健派が雪崩を打って中国の失望を表明しはじめたのである。

中国は太子党率いる共産党の独裁がいまも続いているとはいえ、習近平の強迫観念はソ連崩壊の轍を踏まないために、党の永続化のための改革案を出すと反対にしめつけ、情報公開とは対極的に新聞を統制し、共産党に都合のよい一方的な政治宣伝を強化し、ネット監視要員をアルバイトを含めて200万人という異常な体制とした。人権派弁護士を片っ端から拘束し、ノーベル平和賞の劉暁波に対しての西側の釈放要求に一切応えず、牢獄に閉じこめたまま。これで安心、党が崩れることはないと考えているのだが、硬直化した体制はいちど破綻が始まると壊滅への道は早い。

いまの党内を見渡すと共産党組織を命がけで守ろうとする共産主義者は不在となり、ドグマの信頼性は行方不明となった。

反腐敗キャンペーンという格好の武器を駆使して庶民の支持をたかめ、綱紀粛正のうえ党組織を改編し、軍を能率的な組織に再編すれば毛沢東以来の絶対権力が達成できると読む習近平は低成長でも安定が得られれば社会も落ち着き党支配には揺るぎない展望が開けるとして言い出したのが「ニューノーマル」（新常態）だった。ところが上海株暴落に見られるように実態はアブノーマル化だった。

軍が不満を強め、特権階級に胡座をかいてきた高官等は面従腹背、いつかきっと主流派を転覆させる「野心」に燃える。負け組は敗者復活の夢も破れ自暴自棄、ふたたびの暴力革命を夢見て毛沢東の肖像を高く掲げる。

こうした危機に身辺警備を強化し、暗殺、クーデタ予防のため北京軍区の人事も習近平が信頼する軍人と交替させた。

いずれにせよ中国経済の破滅は日本経済にとって重大な問題であるうえ、軍事的脅威は別の意味で深刻さを増している。日本にとって正念場がきたということである。

米大統領選を十倍楽しくしたドナルド・トランプ

放言、罵倒、暴言を繰り出しながら庶民の圧倒的な支持を掴んだのは、実業家のドナルド・トランプである。

不動産王として知られるが、最初、NYの目抜き通り五番街に聳えるトランプタワーで大当たり、マッハッタンに豪華マンションを次々と建て、全米ばかりか、世界中にトランプと名を冠する複合ビルを建てた。不動産ブームにのって馬鹿あたりしたが、カジノで大やけどし、四回も倒産した経験もある。しかし彼は不屈の精神で、その都度不倒翁のように立ち直り、いまや自家用飛行機を駆って全米を所狭しと駆け回り、共和党をかき乱し、マスコミの寵児となり、そして共和党支持者の多くから顰蹙もかった。

なにしろ米国の大統領選挙は長距離レース、トップを走る選手の背中にぴったりつけ、ゴール寸前に飛び出すのが最も有力な優勝への道だがトランプが選択している戦術は本気で本番に臨もうと考えているやり方ではない。

ドナルド・トランプが庶民の支持をあつめるのは、歯に衣を着せぬ直言ぶりで、とりわけ移民問題、そして対中国への強硬姿勢である。

コメディアンのごとくに暴言を繰り出すと、本音でモノを言えない、政治的配慮をしがちなほかの候補とは異なってマスには大受けする。前哨戦レースを十倍たのしいものとした功績は大きいのではないのか。

筆者はドナルド・トランプ氏と過去に二回インタビューしたことがある。

いずれも1990年後半で、彼が来日したおりの記者会見と宴会の席だった。筆者は氏に「大統領選挙に打って出る気はあるか？」と率直な質問をした。回答は「ビジネスの方が面白いから、当面、そんなことは考えていない」云々。

氏主催の宴会に招かれたところ、先頭切っての入場は有名タレントで、それから屈強な黒人のボディガードに囲まれて、本人がパンパカパーンとホテルの会場に入ってきた。演出を凝らしているのである。また当時は離婚したばかりで、その重圧から逃れるために日本に新しいビジネスをみつけにきたとも言われた。

かれは本来、パフォーマンスに恵まれているらしく、その自叙伝的著作を読むと自慢話ばかり、さも一代で不動産王国を築いたような書き方をしている。しかしドナルドの父親は地道な不動産業をいとなんで、ささやかに成功し、息子への道を開いた。筆者の知り合いの住むジャマイカ・エステート（ＮＹのＪＦＫ空港に近い高級住宅地）に父親トランプ氏の目立たない邸宅があった。

はじめは何かのジョーク、いずれ途中で腰折れし、戦線から消えるだろうとトランプは見られていた。ともかく大統領予備選前の前哨戦を十分に愉しませてくれたのだから。

ところが２０１６年１月末の共和党内での調査ではとうに消えている筈のトランプが依然として首位の人気を誇り、本命ブッシュは消えかけ、スコット・ウォーカー等は撤退した。ペリー州知事（テキサス）も早々と陣営を畳んでしまった。

あたかも１９８０年のレーガン選挙のようである。最初は何かの冗談、カリフォルニア州知事をつとめた二流の俳優上がりに何ができるか、と当時の共和党はブッシュ（父親）を本命視していた。

なぜレーガンが勝ち抜いたか。簡単である。無能のカーター政権はテヘランの人質奪回にも失敗し、アメリカ人は屈辱を味わった。こんな女々しい大統領は要らない。直前の米国の雰囲気から筆者はカーター惨敗を予測していたが、おどろくべし当時の自民党政権はカーター再選を予測していた。

1992年、ブッシュは湾岸戦争の勝利をバックに悠然と再選選挙に臨んだが、どっこい「アーカンソーの馬の骨」に負けてしまった。ブッシュに不満だった実業家のロス・ペローが共和党を割って飛び出し、19％を獲得した。「漁夫の利」を得たクリントンがホワイトハウスの主になった。このときも筆者は直前に二回ほど全米各地をめぐり、ブッシュの再選の目がないことを肌感覚で捉えていたが、誰も信じなかった。

オバマはカーターと並ぶほどの無能で、シリアでもなにもできないまま、中国にはアリバイ工作でもするかのように当該海域に軍艦を二回、航行させただけ、平均的なアメリカ国民からみればこんな弱いアメリカにした元凶はこの男だ、となる。ヒラリーはタカ派をぶっているが、お里が知れており、オバマと同一系列の候補とみられがちだから、共和党がジョン・ウェイン的な、単細胞ではったりをかませる強い候補のほうが勝てそうだとなれば、雪崩を打って「トランプでもいいじゃないか」ということになる。

風向きが変わった、と保守系のワシントンタイムズが分析した（11月22日）。ティ・パーティ支持者の間にもトランプ支持率が急増しているのである。ティ・パーティはランド・ポール、テッド・クルーズを推してきたが、共和党全部の支持層から得票がみこめるとなると、テッド・クルーズは支持が13％、トランプは24％ある。しかもティ・パーティ支持者の世論調査でもトランプ支持は30％、本命テッドに並ぶ。

したがってティ・パーティ支持層の間には「レーガン再来のような保守回帰がもし、起これば」という付帯条件付きながら、「トランプは勝てる候補」になり、「トランプでもいいじゃないか」という声が次第に大きくなっていったのである。

ヒラリーのベンガジゲート事件は有耶無耶

ヒラリー・クリントン前国務長官が、次期米大統領選挙で、16年1月現在、民主党レースのトップを走っている。左翼マスコミの意図的なミスリードである。

ヒラリーが現職国務長官のとき、私的メールをふんだんに利用して機密情報のやりとりをしていたことは本人も認め謝罪し、事件の打ち消しに躍起となった。

民主党候補のテレビ討論会では、みなが桜だから、あえてこの事件を蒸し返すことは無かった。真相はヒラリーが惹起した『ベンガジゲート』事件なのである。

ベンガジで何があったか？

この裏には重大な機密が隠されており、オバマ政権の屋台骨を根底から揺さぶりかねないスキャンダルなのである。

２０１２年9月11日、リビア東部ベンガジにある米国領事館がテロリストに襲撃され、スティーブンス大使ほか大使館員、警備のＣＩＡ要員らが殺害された。

当時はリビアにおける「アラブの春」運動はカダフィ大佐の除去により、民主化が実現し、米国の戦略である「アラブ全域の民主化は成功するだろう」などと信じられないほどの楽観論が世を覆っていた。背後には欧米のグローバリスト、宣伝ＰＲ会社、政治ごろなどの暗躍があった。

筆者がニュースを聞いて最初に疑問視したのは、なぜ米国大使はトリポリではなく、ベンガジにいたのか？　しかも9月11日とは、ＮＹテロ事件の記念日ではないか。

それらは初歩的な疑問であり、しかも現在にいたるまで満足な回答がでていない。

現実にはチュニジアが混乱にいたり、リビアは無政府状態となり、エジプトは軍事政権が復活した。そしてシリアは破壊と混乱と大脱走と、そしてＩＳの跳梁跋扈、ロシア軍の参戦により、中東の主役はロシア、イランに移行した。米国の中東政策はことごとくが失敗に終わった。

時計の針をベンガジ事件にもどす。

ベンガジの米国領事館というのは「領事館」と呼べるシロモノではなく、「駐在員事務所」のようなお粗末な建築で、しかも警備が手薄だった。ＣＩＡオフィスは、そこから離れた場所にあった。

米国大使は、いったい何故、大使館のあるトリポリを離れてベンガジにいたのか。作戦司令をヒラリーは国務省を通さないで直接、私的なメールでおこなっていたのは何故か。ずばり、大使の任務はリビアに拡散した米国の最新鋭兵器の回収にあり、しかも、それらの武器をシリアへ輸送し、反アサド政権の武装集団へ引き渡すという危険な任務を帯びていたのだ。

オバマの中東政策はすべてが裏目にでて失敗した。

そして米国の秘密通信を傍受したか、或いは米国寄りのポーズをとって親米派を偽装したイスラム過激派が、これらの武器の横取りを画策したからではないのか。

武器はＩＳにも流れ、イラク、ヨルダンの過激派にも流れ、反アサド勢力に渡ったのは半数にも及ばなかったという。

ベンガジの米国領事館をおそったのはＩＳ（イスラム国）ではなくシリアの謀略機関、

あるいはロシアの代理人ではなかったのか、という声もあがっている。

イランというダークホース

レーガン政権下、イランコントラ事件では、政府高官の多くが辞任に追い込まれた。ニクソン政権2期目の折は民主党本部のウォーターゲートに盗聴器をしかけたという「さささいな事件」を左翼ジャーナリズムが大げさに報じ、ついにはニクソン辞任へと追い込んでいった。そのときヒラリーは学生活動家としてニクソン弾劾の隊列にいた。

ついでに書いておくとイランは変身の最中である。

気がつけば四面楚歌。劉邦の大軍に囲まれて項羽が慌てたように、イランはすっかり周囲を敵に囲まれたことに気がついたのではないか。ＩＳとて、イランのシーア派には敵対的である。

国家戦略とは国力が基本となって、その軍事力、経済力を相対比較し、さらに当該国家の国民の意志力による。合理的な自己洞察、自己評価、そして懸命な方策により生き残りの道を考えるのが戦略的発想の基本である。

イランはホメイニ師を仰ぐイスラム革命の成功に酔って、テヘランの米国大使館になぐりこみ、長期に人質をとって米国と敵対した。
『悪魔の詩』の作者、サルマン・ラシディに死刑判決を出し、世界各地にテロリストを送り込んだ。日本でも翻訳者が殺害された。棚からぼた餅の革命だったのに、自己の革命思想の成功と誤断し、ナショナリズムによって狂信的な思想をイスラム圏に輸出し始める。世界はイランを嫌った。

イランの国家戦略の第一期調整はイラン・イラク戦争による。ホメイニ師の死去にともない穏健派のラフサンジャニ師の政権ができると、より合理的な路線を歩み始める。

当面の国家目標はイラン・イラク戦争ですっかり疲弊した経済の再建と合理主義的な諸政策の立案で、外交的な路線に調整が見られた。ペルシアの伝統とイスラムの正統性を堅持しながらも、耐久の時代だったと総括できるかも知れない。とは言っても米国とイスラエルの敵対路線は変更がなかった。

第二のイランの調整期はオサマ・ビンラディンの登場だった。米国を襲った同時テロを受けて、イスラムの影響力の高まりとともにイランは核武装を志向し、ナタンズなどに核施設を建設する。ハタミ政権では伝統的なイスラムへの回帰が見られ、外交は原則的な調整が利かなかった。イランは露骨に地域覇権を志向していると見られたが、これらは原油代金の高騰という背景があり、経済の回復とともに実現が可能だった。そして狂信的なアーマドネジャット政権は真っ向から西側に挑戦をいどみ、その勇ましきナショナリズムが国内でさえ孤立していたことを指導者は気がつかなかった。知識人は親西側ではないが、もうすこし合理的な判断ができる知識人が主流だった。

しかし、エネルギー枯渇の中国、インドがさかんにイランから原油を輸入したため、経済力に余裕が生まれ、イランはＳＣＯ（上海協力機構）を積極的に活用しながら、周辺諸国への影響を浸透させる一方で中南米、アフリカ諸国へも進出を果たす。こうしたイランの強気戦略はチュニジアから破綻が始まった。

第三の調整は「アラブの春」である。各地でシーア派や過激派が跋扈し、その「民主革命」に失敗する段階で、イランはアサド政権にテコ入れを強化しつつ、ガザへの武器搬入を活発化した。これですっかりイランへの警戒心を高めたのがサウジアラビア、ＵＡＥ、そしてトルコだった。スンニ派の跳ね上がりＩＳがシリアからイラクへ南下し、欧米でもテロリズム活動を展開するや、世界のイランをみる目がすっかり変貌した。中東の宗教地図はすっかりスンニ派になり、そのうえ原油代金は下落し、イラン経済を直撃した。イランはパラノイア的な狂信的シーア派思想の輸出を中断し、より穏健で合理的な道を歩む必要が求められた。自制的で、合理的な外交政策を選択しなければ、「かつて明王朝は外敵から身を守るために万里の長城を築き、鎖国した結果、文化伝統の高揚はあったが、相対的な力の衰退を招き、ある日、満州族に政権を奪われた。この歴史のパターンが示すように、イランの周りがスンニ派の世界に変貌したことを甚大な危機として認識し始めた」（ケビン・リン、中東アナリスト、『ナショナル・インタレスト』誌、11月16日）。

話を戻すと「リビアゲート」とも言われる最悪のスキャンダルと、ヒラリーの偽証に関して左翼ジャーナリズムは何ほども報道しない。あたかも安倍打倒を社是として、僅かな反対運動のデモ隊を十万以上と書いて作為的報道を操作した、日本の左翼ジャーナリズムと同質であり、ヒラリーに不都合なことは知っていても知らぬ半兵衛と決め込むのである。

だが米国共和党の保守派の怒りは収まらず10月22日に開催されたヒラリーへの聴聞会に注目が集まった。しかしヒラリーは共和党の激しい攻撃に11時間にわたった公聴会を弁舌巧みにかわし、最大の危機を乗り切った。

下院特別委員会での質問に満を持してヒラリーへの詰問を展開した共和党だったが、言葉巧みな雄弁に乗り切られた。ヒラリーは予備選前の最大の危機を克服できた模様で、党内最大の脅威とされたバイデン副大統領は不出馬を宣言した。また共和党は最有力とされたジェブ・ブッシュ（元フロリダ州知事）が、選挙本部を縮小し、スタッフへの給与削減に踏み切った（フィナンシャルタイムズ、15年10月25日、電子版）。

ここまで状況が変わっているのに、昔の名前ででてきたのがブレジンスキーだ。

親中派の頭目、ブレジンスキーは「中国はなお重要な国であり、米国は対立する必要はない」と講演した。彼は15年12月14日に有力シンクタンク「CSIS」で講演し、「中国はいまや大きなパワーをもつようになり、周辺諸国に影響力を行使している」として講演を始めた。「ロシアは中東における軍事行動をみても、われわれと協調するには距離があり、むしろ中国の方が協力的である。米国の対ソ（ロシア）孤立化のため中国を梃子とする政策は変更する必要がない」。（「テロ」に便乗して新疆ウィグルで過激な弾圧にも米国は目をつむれ、と発言しているに等しい。）

ブレジンスキーは北京へ飛んで中国と米国は「G2」の関係と持ち上げた張本人であり、ポーランド系ユダヤ人という出自からもロシア嫌いは徹底しているらしい。中国では「布熱津斯基」と宛て字されるほどに、親中派の論客として人気を博する。

氏はさらにつづけて「中国の政策は鄧小平時代の〝韜光養晦〟と同一ではなく南シナ海での存在は周辺国に不安を与えているのは事実だろうが、平和的台頭であり、中国との協力関係を絶対に変えてはいけない」とまで言ってのけた。

ブレジンスキーら親中派に批判的な『ナショナル・インタレスト』誌などは、その8月

27日号で、「中国経済の崩壊は南シナ海を救うか」と書いているほどに彼の見解は米国の保守陣営の考え方とはまったく異なる。

パリのテロ事件を受けて

パリにおけるテロ事件後、完全に流れが変わった。

フランスでルペンの率いる「国民戦線」が第一党に躍り出たうえ、EU各国で左翼政権は大きく後退し、ドイツですら「ペギータ」運動が生まれ、英国にはUKIPが、スコットランド独立運動の影に隠れたが勢力を躍進させている。

米国もオバマ政権への不満は爆発的であり、その微温的なシリア政策、ISへの空爆の成果はあがらず、ロシアの外交的闖入と勝利、そして無原則的なイランとの妥協などをみていると、オバマ政権の無能への怒りが渦巻き、ヒラリーの人気は左翼メディアと党内左派だけの支持から一向に拡がらない。

フランスは左翼政権だが、オランド大統領はいやがおうでもルペンの動きを注視しつつ、微妙に政策を変えているように、オバマは結局、アフガンに兵力を留めざるをえなくなり、ISへの空爆をこれから強化せざるを得なくなるだろう。

大統領予備選はこれらのイッシューを背景にしてフランスのルペン躍進現象に酷似するトランプ現象をみながら、その対応に追われることになる。


さて話をいま一度、ドナルド・トランプに戻す。

トランプはイスラム教徒の移民を排除し、新しい入国を断固拒否せよなどと排外主義的傾向を強めながら、党内の主要候補だったブッシュを霞ませてしまった。トランプが党大会で正式候補になる可能性を全否定できなくなった。

もしトランプが共和党の正式大統領候補として選ばれた場合、党内で彼に不満を持つ人々が独自候補の選定に動き、92年のロス・ペローのように党内を分断する動きをしめすだろう。そしてかなりの得票を得ることになる。その場合、トランプvsヒラリーでは良い勝負となるだろうが、共和党分裂となれば、ヒラリーに「漁夫の利」が転がり込む。夫君ビルがそうやって当選したように、彼女は幸運を射止める可能性が高まる。

かと言ってトランプ以外の政治家が共和党の正式候補になっても、トランプが獅子吼したイスラム排斥という感情的スローガンを政策的にどう処理するかという問題に直面する。むろん、議会は保守リベラル入り乱れ、大統領権限さえ覆せる仕組みなのだから、いかなる強硬策も阻止するであろう。つまり現時点でトランプの言っているイスラム強制送還、入国拒否などは到底実現は不可能なのである。

ヒラリー

佐藤則男『なぜヒラリー・クリントンを大統領にしないのか？』（講談社＋α新書）はスーパーチューズディ前後にずり落ち、キューバ人のルビオで決まるだろうと著者は大胆に予測している。

在米10年、おもにビジネスを展開してきた著者は多彩なアメリカ人と交友関係を深め、共和党、民主党に限らず知己が多いので、いろんなインサイダー情報にも接する機会が多いという。

ヒラリーがまず克服するべき課題とは「ガラスの天井」であるという。フェミニズムが浸透した筈のアメリカでも「働く女性はキャリアを積んでいくと、目に見えない天井にぶち当たる」（中略）「女性がいくら頑張っても、能力があっても、組織のトップになることを阻む『見えない障害』があるという意味で」、ヒラリーは、まず「この挑戦をうけなければならない」

ヒラリーは高校生のときに政治に目覚め、最初に参加したキャンペーンはゴールドウォーター候補だった。かれは極右といわれたほどのナショナルな伝統的政治家だった。

つぎに彼女が選んだのはユージン・マッカーシー、かれはベトナム反戦運動のリベラル。

つまり極右から極左へとぶれにぶれた政治キャリアをもつヒラリーは打算と政治的野心が露骨にでている女性であるため、ちっとも「愛されない女性」だという。

こうした弱点をもつヒラリーが最後に乗り切る必要がある壁とは何か。

それが「Likability（好感度）」の壁なのである。

その世論調査をみても、「ヒラリーが好き」と「ヒラリーは嫌い」は拮抗している。ときに後者の方が多い場合がある。

佐藤則男氏は米国が日本を守るかどうかについて、多くのアメリカ人有識者を訪ねて意見を聴いているが、その最大公約数的なものは、中国と対決しても、米国は日本防衛のためには出動しないだろう、という考え方が殆どのアメリカ人の意見だと言う。

日米中という三角関係で近未来を眺めやると、米国はどうしても米中関係を軸に日本をみているのであり、「日本の尖閣諸島の問題などは二義的である。アメリカにとり、日本と中国との関係が危険になることは避けなければならず、この意味では、もし何かその兆候が現れる事件が起こると、日本政府にまず自重をよびかけることになるだろう」とする。

ヒラリーがなっても、ルビオがなっても、こうしたスタンスは変わらないだろうと著者は淋しい、しかしリアルな予測をしている。

カナダの油田開発に中国は350億ドルを投じたが

カナダにも反中感情が急拡大している。

中国がカナダのネクセン石油を買収したとき、西側世界は驚いた。買収金額ではない。国家安全保障の要にある資源鉱区や開発権を外国に売り渡す行為に、米国は信じられないという反応を示した。

アラスカの原油を外国に売ることをためらった経緯からも、そう考えるのは当然だろう。

2009年から13年にかけて、中国の鉱区買収はブームのようでもあった。

中国の国富ファンドは15億ドルを投じてテックリソーセスに出資した。ついでペトロチャイナは合計38億ドルを投じて、アタバスカオイルサンド社に出資し、シノペックは46億ドルでシンクルード社を。

ほかにも中国の三大メジャーは巨額を投じてカナダの資源ならびに資源開発会社に出資したが、100%の株式をTOBで買い付けて完全子会社としたのは2例のみ。

第一がシノペックのディライト社（22億ドル）。

第二がＣＮＯＯＣ（中国海洋石油）のネクセン（15億ドル）。

中国のもくろみは原油価格高騰がつづいており、開発にカネがかかっても、元は取れるという判断に基づいていた。カナダ政府は安全保障問題で野党からつつかれても、政治問題化しないと楽観視していた。中国の投資した鉱区は殆どがサンドオイルである。

原油価格大暴落が始まり、ついでアルバータ州でＣＮＯＯＣの採掘現場から原油漏れの事故が発生した。関連する企業株はカナダと香港市場で暴落に見舞われた。

もともとカナダは資源安全保障に敏感だったが、２００９年に経済不況に見舞われた上、米国へのパイプライン建設が遅延し、資本流入を促進する必要があった。保守党のハーパー政権はなりふり構わず北京に近づき、最初の外遊先に中国を選んだ。答礼に温家宝首相もカナダを訪問し、短期間だが濃密な蜜月期間があった。中国の高度成長は永続的に持続するだろうと多くのエコノミストが誤った予測をのべていた。

中国からファンド、株式投資家、石油企業がどっとカナダに押し寄せた。じつに資源企業の70％が中国によって子会社化されたか、あるいは筆頭株主となっていた。カナダのあちこちに中国工商銀行の支店が開設された。

中国はカナダにだけ投資を集中していたのではない。ベネズエラ、南スーダン、ナイジェリア、アンゴラ、そして中東諸国へも、リスクヘッジを勘案し、バランスを調整しながら投資を展開した。

それゆえ南スーダンの政変、リビアでの頓挫に遭遇しても、カナダがあるから大丈夫と言うわけだった。

中国の思惑は全部はずれた。

原油価格暴落にくわえ、カナダ国内政治は安全保障をめぐって外国企業の活動を制限する政策変更を矢継ぎ早につづけた。簡単に言えば、中国人から派遣される人間を役員だけという少数にしぼり、労働者にはヴィザを発給しなかったのだ。

毛沢東の獅子吼した「大躍進」の実態は「凶作」と「餓死」だったように、中国の狙いは対極の結末に遭遇した。

他方でカナダ人技術者だから高給が条件であり、必然的に労賃は上昇し、諸経費も跳ね上がる。ところが肝心の開発工事は遅れ、気がつけばコストがあわないという悲惨な状況に陥っていたのだ。操業を維持するか、撤退するか、いまや中国にとっては瀬戸際が近づいた。

第四章　ＥＵ、難民、そしてドイツ問題

難民問題はＥＵ解体への道か？

欧州はアフリカと中東からの難民を抱えて、移民排斥の声が次第に強くなり、「どこまでも面倒をみる」と主張したメルケル独首相の人気は突然下降しはじめた。

いまヨーロッパで起きている未曾有の危機はＥＵという歴史的な社会実験がガラガラと崩れはじめたという現実である。テロと難民、財政と防衛、そしてナショナリズムの復活。

シリア内戦からＩＳのテロリズムが吹き荒れ、トルコが難民をギリシアに押し出し、どっと百万人前後がギリシアの離島や陸路を経てマケドニア、モンテネグロ、コソボ、クロアチアなどを経てセルビアからハンガリーへ入境し、最終的にはドイツを目ざす。

これはトルコがEUへの意趣返しを籠めて、規制を緩めたからだ。イスタンブールは西側に背を向けイスラムへ回帰し、くわえてロシアと対峙しはじめた。

ドイツでは「難民申請」をすれば審査までの期間、食事のほかお小遣いも支給され、そのうえ医療は無料となる。語学研修センターも開設されたが、ドイツ語習得は覚束なく、それでいて難民と認められなくとも強制送還にはならないケースが多い。

当初は、不足する労働力を補えるとばかり、にんまりしたドイツ財界だったが、そんなことを言っている場合ではなくなった。ドイツだけで百万人の難民が蝗の大群のように押し寄せ、それは周辺の国への受け入れ割り当てという流れとなる。ドイツが悪いという大合唱がおこる。

ドイツは移民問題に敏感となり、ハンガリー、オランダでは右派の政権が誕生し、英国にUKIP、フランスは国民戦線が第一党に躍進し、そしてドイツでも、ペギータ運動が誕生し、活発化している。難民キャンプへの放火事件もあとを絶たなくなった。

フランスが非常事態を宣言し、まるでワイマール体制という民主主義の下でヒトラーが誕生したように、オランド仏大統領は右旋回し、移民排斥色濃い政策に転換、IS空爆に参加、空母シャルルドゴールをシリア沖に展開した。ドイツは偵察機にくわえ地上部隊を派遣したが反対の声は少数だった。

川口マーン恵美『ヨーロッパから民主主義が消える』（ＰＨＰ新書）は、「いまヨーロッパで起こっていることは、共産主義にも匹敵する人類最大の社会実験がガラガラと崩れていく事態である」と言う。

もうひとつ忘れてはならないのはロシアである。

「二十年前までワルシャワ条約機構のメンバーとしてソ連のもとでＮＡＴＯに敵対していた国々が、すべてごっそりそのまま宗旨替えをしたのである。いわばＥＵがロシアの脇腹にナイフを突きつけたも同然だった。そしてこれが、ＥＵとロシアのあいだに禍根を残すことになった。現在のウクライナ問題も、もとはといえば、ここに原因がある」（川口前掲書）

カネに目がくらんだのかと鋭い詰問が起きたのは英国だった。

２０１５年10月19日、習近平が訪英したが、ロンドンは騒然となった。

人民元建ての中国国債を起債し、中国のカネを当てにする英国は習近平が持参した巨額の投資を前に腰折れ、議会での演説まで認めた。いやそればかりか英国王室は最高級のもてなしで中国の国家元首を遇し、さすがの英国民もあきれ顔となる。

国王による公式の歓迎行事は41発の礼砲、赤絨毯を女王陛下夫妻と習夫妻が並んで歩き、さらには古式ゆかしき馬車に両夫妻が乗るなど、中国からの十年ぶりの賓客を遇した。習のお土産は夫人＝彭麗媛の音楽アルバムが二冊。女王陛下のプライベートな午餐会、ひきつづき国会での演説ののち、公式の晩餐会が開催される。

ところが、バッキンガム宮殿の周りは歓迎の旗より、抗議の人並みが多く、「チベットに自由を」と呼びかけるデモ隊に混じって、鉄鋼業界の不況で解雇された人たちは「中国の鉄鋼ダンピング輸出を認めるな」などと騒いだ。

習近平が持参した手みやげは４６４億ドルの投資の約束。なかには原子力発電プロジェクトや宇宙開発協力が含まれ、英国に３９００人の雇用をもたらすという。

ロンドンの外交筋は「英国は冷え切った米国と中国の関係改善に橋渡しができる」などと妙な評価をしている。

落日の両国が、経済回復で協力し合おうという構図だが、中国の大盤振る舞いも、はたして実行されるのか、どうか。

習近平訪英で総額7兆円の投資を約束したが、香港最大財閥の李嘉誠たったひとりの対英投資だけでも、かるく中国を凌駕していた

訪英はしたものの、英国王室と政界は騒いだが、庶民はさっぱり。産業界は疑いの目で

みている。とくに鉄鋼業界は反中国感情が露骨であり、原子力業界は中国の原子炉技術を疑う。英マスコミの対中論調も冷たかった。

投資額に目がくらんでいるのではないかとする声もあるが、たいした金額ではない。２０１０年以来、李嘉誠が率いる長江実業と和記グループは総額２５０億ポンド。それまでの中国の対英国投資は総額で１４１億ポンドである。欧州全体に対する中国の投資額は過去十年間に１５５０億ポンド、フランス、ドイツ、英国の順だった。英国は李嘉誠に爵位を授与してもてなし、その破天荒な投資を歓迎してきた。

ついで11月３日にはフランスのオランド大統領が中国を訪問した。

議題は中国が元凶の大気汚染対策、すでに異常気象の原因ともいわれ、世界の悩みの種でもある大気汚染、年内にパリで世界１９５カ国があつまって開催される「パリ環境サミット」を控えて、フランスは中国へ大気汚染の抜本対策を迫った。

ドイツがなぜ中国と同じ見地から日本を徹底的に批判するのか？

三好範英『ドイツリスク』（光文社新書）は副題が「『夢見る政治』が引き起こす混乱」となっている。

ドイツ政界と報道の偏向ぶりを目撃すれば、いきなり納得である。福島原発事故のとき、ドイツのマスコミはヒステリー症状に陥っていた。花粉症でマスクをかけて駅で待つサラリーマンの写真を「原発事故におびえ、東京から逃げ出す人々」と、信じられないキャプションをつけていた。

それでなくとも歴史認識では、中国、韓国とほぼ同一線上の批判の目をドイツマスコミは日本に向ける。高級紙といわれるシュピーゲルまで、そうなのである。

げんに永田町で展開された「安保法制反対」のデモは、完全に左翼プロの演技であり、「プロパガンダ」をマスコミが煽った。本気で反対なら、誰も切腹しないのはおかしい。自民党の支持率が反比例して上がっているのも、真相との乖離を如実にあらわしているではないか。

ドイツの主要マスコミは「緑の党」の支持者が多いという知られざる事実がある。日本にあてはめると、朝日新聞を読んでいると安保法制は日本が戦争に巻き込まれるそうな。朝日新聞をまじめに読むと、日本は中国、韓国への謝罪が足りない。これが外国へ、そのまま翻訳され、転電されると世界中に日本への誤解が立ちこめる。

しかし現実の日本は、朝日新聞の期待をいつも裏切って保守党が政権を担い、かれらが報じた安保法制反対集会には３万３０００人しか集まらない。日本の人口は１億２３００

万。反対する人たちは全国民の０・０００２６％でしかないことをＮＨＫも朝日新聞は報じない。

ドイツにも、「夢見る人」ばかりではなく、日本をちゃんと理解している少数の知識人がいる。

三好氏は「夢見る人」を定義してこう言う。「現実を醒めた謙虚な目で見ようとするよりも、自分の抱いている先入観や尺度を対象に読み込み、目的や夢を先行させ、さらには自然や非合理なものに過度の憧憬を抱くドイツ的思考の一つのあり方、である」と。

だからドイツの左翼は論理的飛躍を好むうえに時折パニックに陥る。朝日新聞と同じである。だから論理的にものを考えることができるドイツ人は『シュピーゲル』や『南ドイツ新聞』を読まない。ペギータ運動（『西欧のイスラム化に反対する欧州愛国主義者』）を担う人々の多くも理性的である。かれらは『シュピーゲル』など左翼マスコミを「嘘つき」「プロパガンダ」であると見抜いている。これも日本の知識人と同じ状況である。

さはさりながら、近年のドイツの中国への急激な傾斜はいかに捉えるべきか。

第一にドイツからみれば日本は極東の島国であり、あまりに遠くてよく分からないが、中国はユーラシア大陸で繋がっている。

「ユーラシア大陸のほぼ西の端に属する国家として、ドイツ人は東に対する憧憬、その逆に繰り返し侵略者が押し寄せてきた異郷への畏怖を身を以て感じる」のである。そしてドイツの地理をみれば、「東への到達点は中国である」（三好前掲書）。

第二は地政学の経済学的延長にある。近年、ドイツの貿易相手国は日本をぬいて中国となった。

フォルクスワーゲンは世界販売970万台。このうち327万台（34％弱）を中国市場で売った。だから中国にのめり込むのは無理もない。

第三に、このドイツの反日を中国が便乗して利用していることである。

「歴史問題に関して中国の主張に共鳴する要素がドイツにあり、（中略）それがドイツ――中国関係の持つ、日本にとっての危うさの核心」だと三好氏は警鐘を乱打する。

第四にもっとも重要なことは次の指摘である。「ドイツ人は過去の歴史を克服するために、日本を攻撃することによって、倫理的な高みを獲得したと信じこむようになった。いわば、『贖罪のイデオロギー化』が起こったのである」

だからドイツは謝罪して過去に訣別しようとしているが、日本は謝罪していないなどと中国のプロパガンダを鵜呑みにして、いやそれを信じ込むことによって「主観的な優越感」にひたるというわけだ。

「道徳的に自分より劣った日本人を発見して、バランスを回復する精神のメカニズムがあるのではないか」と三好氏は分析しつつ次の結論を述べている。

「現代のドイツの正統的な歴史認識は『贖罪イデオロギー』に強く規定された、歴史の醍醐味とは異質な知の営み」でしかない。

排外主義、外国排斥の瞬発的破壊力

近代中国の歴史観には「反キリスト教」と「反外国主義」が混在する奇妙なナショナリズムがある。

「反日」へのねじれは二重構造、底流に流れる中華独特のゼノフォビアだと佐藤公彦『中国の反外国主義とナショナリズム』（集広舎）が分析している。

中国史を戦後日本のアカデミック世界では左翼知識人が論壇を壟断したために「階級史観」「プロレタリアート独裁史観」でまったく的外れな解釈を展開してきた。その結果、当然のように日本に於ける中国史は出鱈目な後知恵改竄となって、歴史は無惨なまま、しばし放置された。

中国の本音と建て前が二重に混乱して、なにがなんだか分からない。毛沢東時代のように「原則的で建前的だったときはそれでも良かった」が、具体的証拠がそろいだすと、過去の左翼的解釈は誤謬であったことが明瞭となる。

とはいえ左翼教条主義が去っても、現代中国の史家にとっては勧善懲悪的な二元論が支配しており、「『侵略と抵抗』というパラダイム——蛮夷の邪悪なアヘン輸入と侵略に対する『清浄な』中華の『正しい』道徳との闘いという善悪二元論的な形式をぬけきれない」。理由は「歴史を道徳とか倫理でその正統性を弁証し、評価裁断しようとする癖は『史記』以来の歴史意識だから」である。

佐藤公彦氏はこうした文脈から左翼歴史家らが編纂した『新編原典中国近代思想史』（岩波書店）を俎上に載せていう。「編集の仕方は殆ど誤りに近い。太平天国と反キリスト教『教案事件』と山東白蓮教反乱、反キリスト教の義和団の資料が一緒に並べられている。解説を読んでもそれらの間の歴史的な連関、因果的展開が分からない。太平天国と義和団の間は（中略）『ねじれ』、『対立』しているのであり、それを説明しないと、旧編と同じく、『人民闘争』『農民の革命』でくくってしまうことになる」。

この説明の一環として『天津教案』（1870年）を取り上げて、次のように言う。

「この時期は、清国の社会風潮としては、反太平天国の儒教復興思想が持続し、反西洋、反キリスト教が主流だったのである。かつて戦後歴史学の一時期『明治維新と洋務運動』というような近代化を比較する研究が流行ったことがあったが、清国の思潮は、『文明化』

だった明治日本の思潮と大きく異なっていたことに無自覚だった。産業化や軍事近代化の側面に特化して注目したのは、マルクス主義的な経済主義的発想だった」からである。

とくに太平天国と義和団という二大反キリスト教、反外国のナショナリズムが、細かく時系列に分析したうえでの結論は、いまの中国のいう「愛国主義」と「反日」ナショナリズム的な宣伝は「義和団現象からいまなお断絶できていない」。このため北京五輪、尖閣をめぐる激烈な反日運動に繋がり、日本人は驚き呆れたが、底流にながれているのは、中国人に深く染みこんだ排外主義的思想、しかもその底流になる妖術、魔術などが大衆洗脳の用具として利用されやすい社会的基盤がある。反日は過激に燃え広がったが、しかも「凌奪と破壊」を以てしても構わないのだというメンタリティ、「愛国無罪」という中国でしか通用しない非論理を拡大させており、この結末をどうつけるかは不透明のまま、習近平は「愛国路線」を暴走している。

それゆえに危険きわまりないのである。

習近平が続けている「反日プロパガンダ」は将来にわたって危険極まりない思想的誤謬である。

バルカン半島への誤解

さはさりながらＩＳが引き起こしたＥＵの液状化現象は次にどこへ飛び火するだろうか。次の情報を『ワシントンタイムズ』が伝えた（２０１５年11月８日）。

シリアからの難民に紛れて、およそ数百のＩＳ戦闘員が旧ユーゴスラビアのあちこちへ潜入し、すでにコソボ、ボスニア＆ヘルツェゴビナに秘密の活動拠点を構築した可能性がある。すでにクロアチア当局も、何人かを特定していると、クロアチア情報局幹部の談話として伝えている。

クロアチアは旧ユーゴスラビア分裂のおり、真っ先に西側に近づき、いまではＮＡＴＯの一員でもある。

ついでに言えばコソボ、モンテネグロ、アルバニアもその後は一転して親西側である。しかしボスニアはセルビアとの内戦によって独立したが、ＮＡＴＯの空爆で各地に被害が及び、ようやく経済発展の再開が見られてきた現状にあってイスラムが浸透し、再び戦乱の巷になることを極度に警戒しはじめた。

内戦が終わり、バルカン半島にいたイスラム過激派はシリアへ向かい、ＩＳの戦闘員として闘ってきた。彼らはもともとはアルカィーダ系であり、昨今のヨーロッパへの夥しい難民の列に紛れて古巣へ戻った兵士が目立つという。

カラジッチというセルビアの指導者がいた。「独裁」と言われたミロセビッチに対抗し、セルビア共和国を指導したが、不幸にも、西側から「ヒトラー」とレッテルを貼られ、失脚を余儀なくされ、十年近い逃亡の果て、逮捕されて、ハーグの国際裁判所に引き出された。

この間、東方正教会のセルビアはムスリムやカソリック勢力に押し込められ、モンテネグロやコソボまでも奪われてしまった。背後には欧米の支援があり、ついに旧ユーゴスラビアは七つの分裂国家群となった。たしかにセルビア武装組織はボスニアで、あるいはクロアチアの武装組織と衝突し、まがまがしい殺戮を展開したが、このおぞましさも、冷静に考えると「お互い様」であり、一方が悪く、他方が善人ということにはならない。

だがミロセビッチもカラジッチも、独裁者、殺戮者として一方的に裁かれ、民族浄化を指導した悪者とされてしまった。民族浄化（エスニック・クレンジング）という恐ろしい標語を「発明」し、西側メディアを洗脳するように植え付けたのは米国の「戦争広告代理店」だった。あたかも大東亜戦争が日本に一方的責任があるとして、戦勝国から裁かれた東京裁判と似ている。

バルカン半島を旅して

筆者も遅まきながらバルカン半島の諸国を駆け足で回った。

成田から中東方面へ飛ぶ飛行機は大概が朝鮮半島を北上し、北京、西安、新疆ウィグル自治区あたりから南下してイラン上空からドバイ、アブダビやカタールへ入る。

ところがイスタンブールへ向かうトルコ航空はハバロフスク、イルクーツクからウクライナのオデッサ上空を経てトルコへ着陸した。まるっきりのロシア・ルートである。

イスタンブール空港は多国籍の人々でごった返し、珈琲一杯飲んでも500円近い。ここで乗り換えてバルカン半島へ。

取材に赴いた動機はロシア、中国と西側とのグレートゲームの結末が当該半島を分裂させた（あるいは「モザイク状態に復元」ともいう）のであり、その変化の現場を見たいと考えたからだ。

バルカン半島の付け根はEUの問題児、いつデフォルトをやらかすかと懸念されるギリシアである。ギリシアを北上し、イタリアまでに広がるバルカン半島にばらばらとモザイクのように重なるのが旧ユーゴスラビアである。

チトー率いたパルチザンの連邦国家は七カ国に分裂した。スロベニア、クロアチア、セルビア、モンテネグロ、マケドニア、ボスニア&ヘルツェゴビナ、コソボの七つが旧ユーゴスラビアを形成していた。そして冷戦期にもっとも中国寄りだったが今では反中国の筆頭格となったアルバニアである。いずれも独立戦争、内乱、内戦を経て、依然として仲の悪い隣国関係を展開している。

地政学的な宿命ともいえるモザイク国家は、紀元前から異民族の侵略が繰り返され、ローマ、オーストリア・ハンガリー帝国、オスマントルコと支配者が交替し、改宗、棄教、殺戮、裏切りが行われ、政治不信の土壌が築かれた。

とはいえ戦争が終わって二十年近くを閲すれば、町の復興はみごとなもので、空爆のあとは殆ど残っておらず綺麗なビルが建ち並び、消費も旺盛だった。

いずれ中華帝国が崩壊し、分裂していくと仮定されるプロセスでは、たとえば独立志向の強いチベット、ウィグルなどはバルト三国のように直ちに独立するだろう。民族が入り乱れるカフカスのような国々の独立はモスクワの顔色を見ていたように中国東北地方はそのパターンを踏襲するかも知れない。

とすれば旧ユーゴスラビアの七分裂は、中国の場合、どこの地域をどのように当てはめるべきか比較したいという動機もあった。

最初に降りたったのはコソボの首都プリシュティナである。

コソボはセルビア、ロシア、中国などが国家として承認していないため西側の観光客しかいない。日本は欧米に足並みを揃えて承認したが、まだ大使館を設置していない。代理業務はオーストリアのウィーンにある日本大使館が代行している。

町を歩いて驚かされたのは戦争の傷跡が殆どないこと。札幌のような町並みで雪が深いため屋根がとがっている。軒並み赤煉瓦、美しい風景が復活している。

レストランは歩道にもテントを広げて、瀟洒なカフェも朝から人で賑わっている。

郊外へでると一面の葡萄畑、トウモロコシ。

しかしセルビア教会系の観光地ではイタリア軍が駐屯し、厳重な警戒をしている。コソボはアルバニア系住民が主体とはいえ、セルビア人がまだ残留しているためモスクと並んでセルビア正教の修道院があり、皮肉なことに世界遺産なのである。入場にはパスポート提示、入り口は幾重にも防御壁があり、イタリア軍が機関銃で武装していた。

プリシュティナの目抜き通り（マザーテレサ通りという）では東洋人が珍しいのか、声をかけてくるが英語が通じない。家族連れで流ちょうな英語を喋る人がいたので話し込むとロンドンから夏休みで帰省中だという。つまり外国語に通じたコソボ人は欧米で働き、仕送りしているわけだ。なぜなら産業はセメントていどの鉱山業と牧畜、農業が主で、ほかにはようやく立ち上がった観光産業くらいしかないからである。

　まるで「ＥＵの保護領」という感じで、通貨はなんとユーロである。正式なユーロ加盟国ではないが、セルビア通貨を廃止したため、コソボは法定通貨を借りているかたち。

　コソボもセルビア武装組織が暗躍したため、ＮＡＴＯの空爆があって町が破壊され、政府系のビルは「生命感を無くし不自然に崩れ落ちていた。（中略）ホテルの目の前は銃器をぶら下げた無数の軍人達が行き交い、白い鉄格子の中をのぞくとブルーの看板にＵＮＭＩＫとあり、厳重な警備と特殊車両に囲まれている」（ＵＮＭＩＫは国連治安部隊）

　そう描いたのは戦争中にコソボなどに演奏旅行をつづけた日本人演奏家の回想である。「バルカン、とくにコソボあたりでは時によって（その語彙の使用が）難しい」ことを知っていた演奏家は平和演奏会と謳わなかった。「『共栄』とか『交流』というタイトルでいけても、いきなり『平和』となると、まだ時期尚早」（柳澤寿男『バルカンから響け！歓喜の歌』、晋遊舎）という気持ちを強くもって臨んだという。ナルホド、「平和」という念仏は日本でしか通じない。

　しかもバルカン半島の内戦ではお互いが民族浄化を行ったため皮肉なことに美女が多い。これも驚きである。昔から交通の要衝には美女がいるのは常識で、中国なら西安、重慶、武漢がそうだろう。ヨーロッパならポーランド、シチリアなど例を挙げればきりがないが、コソボ、マケドニアで特に美女がめだった。マザーテレサ通りの近くにビル・クリントン通り、マケドニアの別の町にはブッシュの銅像が建っている。

コソボ、マケドニア、そしてモンテネグロは米国が大好きなのである。米国の空爆のお陰で独立できたのだからで、逆にセルビアではプーチンのTシャツが売れていた。

マケドニアではアレキサンダー大王が復活

マケドニアが独立を言い出したときに、いやな注文を付けたのが隣国ブルガリアとギリシアだった。

ブルガリアは数世紀前の宗主国、そしてギリシアは徹底的に国名に介入し、マケドニアを名乗るなと強硬な圧力をかけた。なぜならアレキサンダー大王の故郷は現在ギリシア北部のマケドニアであり、旧ユーゴスラビアのマケドニア地方は「地名が紛らわしい、国名にするなどとんでもない」と強く抗議したのだ。したがって国連加盟の名義は「マケドニア旧ユーゴスラビア」という長たらしい名前にされた。

現在のマケドニアは首都スコピエの中央広場に大王の両親の巨大な銅像が聳えているが、

二年前までアレキサンダー大王の像を遠慮して建設せず、近くに巨大な噴水があった。

情勢も落ち着き、ようやくマケドニア政府はこの噴水を利用して巨大なアレキサンダー大王の銅像を建て、空港の名前も「アレキサンダー空港」に変更した。

日本人観光客を殆ど見かけなかったが、替わりに中国人の喧噪なツアーが銅像を見上げて写真を撮っていた。くわえて西欧からの夥しい観光客がマケドニアにやってくる。

中央通りにはマザーテレサの生家が記念館となっているが、殆どの観光客が素通りしていた。彼女はアルバニア人である。

ともかく西欧世界では、チンギスハーンを脅威視する一方で、インド西方まで征服したアレキサンダー大王は英雄として尊敬を集めている。「マケドニアの王」から「西アジアの王」となったアレキサンダー大王は、マケドニアでも復活していた。

マケドニア国民は教育熱心、大学進学率はじつに85％（ところが新卒の失業率は75％）、オフリドという保養地はリゾートホテルが林立し、猛暑をさけて地元民の家族連れで満員だったのも驚きだった。湖は芋の子を洗うような湖畔水浴がまっさかり、水上スキーもボートも盛業中だった。

また農業が栄えていて果物も豊饒、ワインが旨い。

モンテネグロは人口僅か60万の小国。コソボより早くセルビアから分かれた。一時期「セルビア&モンテネグロ」連邦を形成したが、急激に西側へ顔をむけ、元首も憲法も曖昧なままに独立を宣言した。

首都のポトゴリッツァは人口十万人前後、小さな町である。ワインが名産、こってりとボルドーのように重い味でフランスへも輸出しているとか。

海岸にブドヴァという古城をひかえる観光資源に恵まれた都市がある。町全体がリゾートで海水浴、ヨット、豪華レストランに民宿、軽井沢と逗子や江ノ島が一緒になったような景勝地でもあり、深夜バアとカジノ、なんだか退廃的でもあるが、映画007カジノロワイヤルのロケ地となって世界に知られた。

このリゾート地の不動産はロシアからの投資が目立ち、ヨットは西欧の金持ちらが係留している。人口僅か1万7千人の町に、毎日四万人もの観光客が宿泊するというから、町の性格が飲み込めるかも知れない。後方三方は山々に囲まれ、隠れた保養地でもあるため沖合の無人島には英国皇太子やソフィア・ローレンの隠れ家もあるとガイドが言った。

アルバニアに入った。

ホッジャ独裁の時代、政敵、民主活動家、宗教指導者らが弾圧され、六万人が粛清された。秘密警察が張り巡らされ、国民は沈黙し暗い貧困時代があった。ただ一つ、中国と交流していた。

　国章は鷲。赤地に黒の鷲が旗となって方々に翻っている。ちょっと不気味な印象を抱く。ホッジャの死後、独裁恐怖政治は去り、民主化に成功したアルバニアは、いまではバルカンで一番の自由貿易主義、町並みは整頓され、カフェも建ち並び、貧乏な風景が消えていた。首都ティラナでは二十四時間営業のカフェ、レストラン、スーパーがあり、品物も意外に豊かである。またタバコが安い。珈琲は都心で一杯70円という安さ。

　空港の名称はマザーテレサ空港、ほかに自慢することはないのかな。

　ティラーナ市内には羽振りの良さそうな豪邸も目立つ、疾駆する車はベンツ、ＢＭＷ。いやはや、あの貧乏なアルバニアというイメージは何処にもないではないか。町の真ん中にピラミッドのオブジェの公園があり、その先が革命博物館。この中にホッジャ独裁時代の展示がある。

　郊外ベレティには古城がのこり、鎖国時代には町の真ん中に繊維工場（中国資本）があったという。いまや静かすぎる観光地で、景色が美しいうえ、やはりワインが美味しい。この町も世界遺産で「千の窓の町」と言われる。名物の橋の上で写真を撮っていたら一眼レフの一人旅、若い男が近づいてきたので日本人かとおもったら中国人だった。バイクでバルカンを一周しているという。中国資本の再進出の下調べかも知れないと思った。

ボスニア＆ヘルツェゴビナ

クロアチアの名勝ドブロブニクは絵はがきやテレビの旅行番組でお馴染み、それこそ数百万人の観光客が世界中から押し寄せる。

ところが、このドブロブニクへ行くにはボスニア＆ヘルツェゴビナの国境を越えなければ行けない。

つまりクロアチアの「飛び地」で、ボスニアのなかにある。なぜそうなったかは歴史の複雑さで、バルカン半島はローマ帝国、ビザンチン、十字軍、ブルガリア王国、オスマントルコ帝国と領主がころころと替わり、イスラムとキリスト教がお互いに侵略しあい、攻略した土地の民には宗教を押しつけた。したがってマケドニア、コソボ、モンテネグロなどではムスリムの家にいってもイコン（東方正教会系の聖画）が飾られている。

ドブロブニクは中世に「アドリア海のベニス」と呼ばれ、15―16世紀に「ラグーア共和国」として自由貿易で栄えた。ベニスの飛び地でもあった。１９９４年に世界遺産、クロアチア自体は２０１３年にＥＵ加盟国である。

ともかく巨大な砦、すなわち軍事要塞に囲まれた町である。まるでローマに滅ぼされたカルタゴのごとし。

高い城壁に囲まれて海に突き出した戦略的要衝が、古典的な軍事都市を飛び越えて現代では観光名勝地となり、世界遺産となった。だから西欧ばかりか、ここへは近年、日本からも観光客がどっと押し寄せる。

麓の城下町はキャラバンサライ風、このあたりからいよいよユーロが使えなくなる。


ボスニア&ヘルツェゴビナに入国した。

バルカン半島で一番入国審査が難しい。関所のような国境はバス、自家用、トラックに仕分けされたレーンに長蛇のクルマの列、一時間は待たされる。係員の動作をみていると緊張感はなく、しかも警察が入国審査をしている。オフィスは掘っ立て小屋のごとく、防犯カメラも少ない。

南の山岳地帯から入ると最初の都市はモスタル。ここでこれまでの風景とがらり様相が変わった。

町の至る所に空爆で破壊されたビル、その廃墟が「うやうやしく」残っているからだ。まるでＮＡＴＯ空爆への恨みを忘れないために、意図的に残したのかと推定するほどに、目立つ場所のビルは破壊されたまま、道行く人の視界に入ってくる。

宿泊したホテルは老舗のブリストルホテルで、目の前がネレトバ河。歩道から直接入れるテラスがあり、夕涼みを兼ねてか地元民で午後八時頃から深夜まで満員となってコーヒーやビールを酌み交わす社交場となる。貧困な国の印象だったが、生活にゆとりがあるようだ。

モスタルの名勝地はネレトバ河にかかるスタリ・モスト（石橋）で両岸一帯はぎっしりと土産屋、レストラン、カフェ。音楽機材や、ジャケット、人形、仮面、宗教儀式の機材などシャツと帽子に混ざって売られているが、手を伸ばすほど魅力的な物品はない。狭い路地を押し合いへし合い歩くのだが、ここで一眼レフをかかえた中国観光団とまた出くわす。彼らはここでも「爆買い」をしている。

コソボ未承認のロシア、中国系は南バルカンでは目立たなかったが、セルビア系の国々（すなわち旧ロシア影響圏）では、ヴィザの関係から中国人が来やすいスポットになったようだ。町中には中国レストランもあり、サラエボ、ベオグラードへ行くと本格的な中華料理レストランが何軒かある。

セルビアとの国境近くにノーベル文学賞のアンドリッチ『ドリナの橋』の舞台となった「メフファット・パシャ・ソコロビッチ橋」が架かっており川岸にレストランが数軒。ここでビールを飲んで橋を眺めたが、やはりユーロが使えず困った。

さて首都のサラエボである。

四半世紀前に旧ユーゴスラビアに来たとき、ベオグラードからタクシーを雇って往復しようとしたが、引き受けるタクシーがなかった。目に見えない対立があったからだ（セルビアは東方教会系、ボスニアはローマカソリック系にイスラム住民が三割）。

サラエボはオーストリア・ハンガリー二重帝国の皇太子が暗殺された場所であり、これが第一次世界大戦の直接の引き金となったことは歴史教科書でも有名だろう。

サラエボのラテン橋のたもと、古めかしいビルが博物館となっており、その壁面に「暗殺現場」の石碑が嵌め込まれている。周囲には当時の写真も展示されて、つぎつぎと観光客がやってくる。

このビルを起点に付近一帯には数百もの土産屋、レストラン、ビアホール、デパート、教会、モスクがひしめき合って、さながら秋葉原、新宿歌舞伎町もびっくりの大混雑。奥まった所にはキャラバンサライ風のカフェがあり、トルコ絨毯が敷き詰められていたので、そこでエスプレッソを呑んだ。周りの客は中国人ばかりで「どこから？」と問うと北京、上海、南京、広州などと沿海部の中産階級が圧倒的だった。

やはり日本人ツアーは少なく、どこも人民元高で爆買いにくる彼らの天下である（ただし天津大爆発事故の前のはなし)。

サラエボの宿舎は市内まで四十分かかる場所なのだが、五つ星である。空爆で破壊され、建て直した。その再建までの写真集がカラーの冊子となって各部屋に置いてある。外国人にいかに空爆が悲惨であったかと伝えるメッセージとなっている。

目の前の大通りは戦争中「スナイパー通り」と呼ばれ、歩いていると、ビル陰から狙撃され、多くの犠牲がでた。いまも通称「スナイパー通り」の名称を残している。路面電車が並行して市内中心部まで走っている。

しかしサラエボも戦後、急激に発展した。近代的ビル、カラフルな路面電車、トロリーバス、日本が援助したバスも日章旗を描いて走っている。

教会前の公園に無数のハト、タイル張りの道路にところどころ赤い斑点があるが、これは血を象徴し、戦争を忘れないために埋め込まれたのだという。

サラエボ旧市内の土産では薬莢から造ったボールペン、キーホルダーが有名である。鍛冶屋通りが残り、彼らが夥しい空砲弾や薬莢を分解し、再利用したわけだ。いまも所々に鍛冶屋さんが営業を続け、トンチンカンと音を響かせている。

ほかに書店と骨董品店が多く、古い懐中時計なども売っている。セルビア語にまざって英語の「サラエボ戦争」「ユーゴスラビアの崩壊」というペンギンブックスがあったので

料金受取人払郵便

新宿局承認

250

差出有効期間
平成30年1月
31日まで
(切手不要)

郵便はがき

1 6 0 - 8 7 9 1

843

東京都新宿区新宿1－10－1
(株)文芸社
愛読者カード係 行

お名前《ふりがな》			明治 大正 昭和 平成 年生 歳		
ご住所《ふりがな》	□□□-□□□□			性別 男・女	
お電話番号	(書籍ご注文の際に必要です)	ご職業			
E-mail					
ご購読雑誌(複数可)			ご購読新聞 新聞		

最近読んでおもしろかった本や今後、とりあげてほしいテーマをお教えください。

ご自分の研究成果や経験、お考え等を出版してみたいというお気持ちはありますか。
ある　ない　内容・テーマ(　)

現在完成した作品をお持ちですか。
ある　ない　ジャンル・原稿量(　)

書　名					
お買上 書　店	都道 府県	市区 郡	書店名 ご購入日	書店 年　　月　　日	

本書をどこでお知りになりましたか?

1.書店店頭　2.知人にすすめられて　3.インターネット(サイト名　　　　　　　　　　)

4.DMハガキ　5.広告、記事を見て(新聞、雑誌名　　　　　　　　　　)

上の質問に関連して、ご購入の決め手となったのは?

1.タイトル　2.著者　3.内容　4.カバーデザイン　5.帯

その他ご自由にお書きください。

(　　　　　　　　　　　　　　　　　　　　　　　　　　　　　　)

本書についてのご意見、ご感想をお聞かせください。

①内容について

②カバー、タイトル、帯について

弊社Webサイトからもご意見、ご感想をお寄せいただけます。

ご協力ありがとうございました。

※お寄せいただいたご意見、ご感想は新聞広告等で匿名にて使わせていただくことがあります。

※お客様の個人情報は、小社からの連絡のみに使用します。社外に提供することは一切ありません。

■書籍のご注文は、お近くの書店または、ブックサービス(0120-29-9625)、セブンネットショッピング(http://www.7netshopping.jp/)にお申し込み下さい。

購入した。奇跡的にユーロが使えたが、釣り銭はボスニアの通貨。セルビアに入ると使えなくなるので残りのカネで名物のイチジクスナックを買うことにした。

セルビアの首都ベオグラードは筆者にとっては四半世紀ぶりだった。

べつにセンティメンタル・ジャーニーでもないが、同じホテルに泊まり、同じレストランへ行ってみた。

町は近代的ビルに作り直され、あの当時の美しさを取りもどしていた。

木々がこんもりと道路にせり出し、花々が咲き乱れ、平和を取りもどしていた。

町のど真ん中に陣取る有名なモスクワホテルから「クネズ・ミハイロ通り」を進み、軍事博物館までおよそ二キロが歩行者天国でごった返し左右に有名ブランド店、辻々に店を広げる無数のカフェは超満員、所々の広場にロボットのオブジェが無機質に飾られているのは奇観である。

宿泊したメトロポールホテルは完全に建て替えられ、白亜のピカピカ、ロビィは大理石、部屋は広いバスルームに冷蔵庫、高級な絨毯が敷き詰められており、バスローブにスリッパもある。隔世の感である。四半世紀前、チトーも泊まり、世界の主賓が泊まるので迎賓館風と聞いていたが、ロビィの廊下は凸凹で、エレベーターは蹴飛ばさないと動かず、食堂は天井だけやけに高かったが食事はまずかった。

鹿肉で有名なレストランを二時間ほどかけて探し出し、遅い昼飯をとったことを思い出して行ってみると、小さな驚きがあった。付近はアーティストや似顔絵を描く画家と客のリクエストで謳う歌手、そして周りは全部がレストランではないか。

考えてみればセルビアは不幸な役回りを演じさせられた。同じスラブ系ということで、ソ連の支援が期待できたが、おりしもソ連崩壊、セルビア支援どころか圏内の自治国の独立を防ぐ力も無くしていた。

セルビアに出現したミロセビッチは、「逆説的な指導者だった。かれには政治的熱情が稀薄でナショナリスティックな動機は疑わしく、それでいて政治信念に邁進し、まわりに助言者が不在だった。しかも大衆をまったく無視した。ところがチトー以後のセルビアに彼ほどの力量をもった政治家がいなかった」(ミーシャ・グレニー著『ユーゴスラヴィアの崩壊』、白水社)。

隙を見てボスニアの外務大臣は米国へ飛び、広告代理店と契約し、世界世論にセルビア=悪役というイメージを植え付ける作戦にかけた。ボスニアはまんまとミロセビッチを追い込み、空爆の廃墟と引き替えに独立を達成した。セルビアは孤立し、ミロセビッチは国際法廷に引っ張り出された。

空爆の被害がもっとも悲惨だったのは旧ユーゴの首都でもあったベオグラードだった。いまでこそ近代的なビルに建て替えられたとはいえ、旧国防省、内務省、外務省のビルは破壊された残骸をそのまま残している。

ためしに「誤爆」された、中国大使館跡へ急いだ。これは新市内にある。更地にされ、公園には芝生、角に石碑があって献花の束が枯れていた。皮肉にも隣の白亜の建物は日本大使館だ。戦後、中国大使館はセルビア駐在大使館となってベオグラードの旧市内へ移転していた。

軍事博物館は閉鎖されており、野外に陳列された旧式戦車や火砲が並ぶだけ。国立博物館は改装工事中で、いずれも観察できず、それではと行った先はチトー記念館である。お墓の前に銅像、等身大の軍服から推察する身長は１６２センチほど、しかも彼はクロアチア人とスロベニア人の両親からうまれたのでセルビア系ではない。

未亡人となったのは三婚目の女性だが、二人の息子は彼女の子ではなく、しかしそれぞれはチトーの死後、清貧に暮らし、社会奉仕に従事した。チトーはなぜか、いまもセルビアの民に尊敬されている。セルビアが主体のユーゴ連邦だったがゆえに、それを統治したチトーはセルビア人ではなかったにせよ、偉大だったというわけだろう。

チトー記念館の周辺は高級住宅地、閑静な佇まいに囲まれている。

ふたたび市内の繁華街へもどるとホテルモスクワ周辺は夕方近く涼しくなって観光客でごった返し、中国人、韓国人の個人ツアーが目立つ。日本人もちらほらだが、空爆で恨まれるアメリカ人は稀である。

ポーランドも日本大好き

世界の「親日国家」といえば、まず台湾、そしてトルコがまっさきに浮かび、ついでタイ、ミャンマー、インド、スリランカなどが続くが、欧州にあって最も親日的な国は意外にもポーランドである。日本文化への理解は想像をこえて深く、古事記も源氏物語も翻訳されている。古都クラクフには日本文化センターがある。

日本となじみの深い文化交流はワイダ監督、ショパン。世界的に有名な人物はキュリー夫人、コペルニクス、最近ではワレサ元大統領。じつは三回しかポーランドへ行ったことがないうえ、グダニスク、クラクフ、ワルシャワ、そしてアウシェビッツしか知らないが、敬虔なカソリック信仰の国であり、ドイツとソ連に挟まれているので、何回も侵略され、惨憺たる苦しみにあえいだ歴史は何冊か読んだ。

四半世紀前、最初にポーランドへ行った折は、あまりにエキゾティックな町、ジャガイモ主体の料理に飽き、また寒さと暗さから来るのか、ポーランド人の色彩感覚が明るい原色を選びがちで、朱、橙、緑を好むことを知った。日本人の色彩感覚にない配色のセーターを買った。

その後、東京で駐日大使と親しくなったが、なんと日本語が流ちょうであるばかりか、日本の古典文学に通暁していた。大使館員とも親しくなって何回か飲んだが、そのうち、ポーランド政府から招待が舞い込み（と言っても飛行機代は当方が負担）、一週間ほど出かけて多くの人々に会い、証券取引所や新興の企業見学、ヤルゼルスキー元大統領とのインタビューなどをこなした。この時代、ホテルには中国人労働者が経済支援かなにかで工事をしにきていた集団がいたし、ワルシャワ市内に寿司屋が一軒だけあった（店主によれば、月に二度、ハンブルグまで買い出しに行くと言っていた）。

三回目は２０１５年１月だった。吹雪のワルシャワ、クラクフなどを特急で回ったが、二十年の間隙があって、この間に経済発展の凄まじさに驚いた。町並みはすっかり綺麗になり、新築の摩天楼に巨大ショッピングモール、品物も豊かで、豪華ホテルのまわりには寿司、日本食レストランも随分と増えていた。往時と隔世の感があった。

トルコのエルトゥールル号の美談は映画にもなって年末に公開されたし、杉原千畝の物語も「日本のシンドラー」として人口に膾炙した。しかしポーランドの日本との友好物語が一冊の本に編まれたこと自体、快挙である。

「松山」というのは日露戦争で捕虜になった「ロシア兵」を「人は皆、平等。かれらも愛国者」として日本は捕虜を懇切丁寧にもてなしたことは、第一次大戦でドイツ人捕虜を収容した徳島の坂東収容所（これは映画にもなった）とともに有名だろう。その「松山」の収容所にいた「ロシア兵」とは大半がポーランド人だった。かれらは日露戦争で日本が勝利したことを我がことのように喜んだ。松山が選ばれたのは「道後温泉が傷病兵の慰安と治療に適して」いたからで、そのときの記録は数冊すでに上梓されている（河添恵子『世界はこれほど日本が好き』、祥伝社）。

ポーランド人は東洋の島国に生きる人々に本物の人間を発見したのだ。それが根源となって日本とポーランドの友好の歴史が開始された。

ワイダ監督は「日本人」と接して「言葉もわからず、習慣もほんの少ししか知りませんが、日本人のことをとてもよく理解できる」と言う。なぜなら「日本人は、まじめで、責任感があり、誠実さを備え、伝統を守ります。それらはすべて、私が自分の生涯において大事にしている精神です。日本と出会ったお陰で、このような美しい精神が私の想像の中だけで存在しているわけではないことがわかりました。そのような精神が、本当に（日本に）存在するのです」。

第五章　アジア経済はどこまで伸びるか

中国にさようなら

ＫＦＣ（ケンタッキー）と「ピザハット」が中国から撤退する。

業績不振で採算があわないからとされたが、親会社の米食品大手「ヤム・ブランズ」は別会社に中国ＫＦＣとピザハットの経営を移管し、本社事業から分離するという奥の手を使うのである。かくしてファストフード業界さえ、中国では不振なのである。

上海株暴落と人民元切り下げを契機に外国資本はほぼ一斉に中国から撤退し始め、海外華僑のあらかたは資金を引き揚げた。公式統計をみても２０１５年一年間で５０００億ドル以上が中国に「さようなら」した。

猛烈に中国から流失するドルの総額はとうに外貨準備高を切り崩しており、海外旅行の外貨持ち出しを制限し、銀連カードの上限を設定したことは述べた。

日本の財界は数年前から「チャイナ・プラス・ワン」を標語に中国での生産活動を縮小もしくは撤退し、アセアン、インドへ進出を加速させてきたが、逃げ遅れた企業も夥しく、上海株暴落に連動してＪＦＥ、コマツ、資生堂、伊藤忠などは株価下落に見舞われた。

中国の景気減速によって各社は利益を下方修正したが、なかでも日立建機は50％もの減益を記録した。キヤノンは12％の減益となった。中国企業の経費削減で事務機、コピィ機器などが売り上げ低迷、また工作機械が頻度激しく使うベアリングも注文が激減して日本精工もかなりの減益を強いられた。

日本企業ばかりではない。

金融バブル時代にとことん利益を上げていた米国の金融関連企業も軒並み、中国失速の所為で足をすくわれ、経常利益を減らした。

筆頭はゴールドマンサックスで、18％のマイナス（「トムソンロイター」が調べた２０１５年７月─９月決算の速報による）、同、モルガンスタンレーが13％減、ＪＰモルガン・チェースが６％、シティグループが５％、バンカメが２％となった。

次に控える大難題は中国にありあまる在庫処分である。すでにプロローグでもみたように鉄鋼、アルミ、塩化ビニール、板ガラス、そして自動車、精密機械部品等々。石炭も同類だが、倉庫に積み上がり、企業城下町は従業員を解雇している。大量の失業は町に溢れ、新しい職場を求めて都会へと散った。

その典型は鉄鋼業界である。

２０１４年、世界鉄鋼協会の累計で実需より1億トンも多い8億２２６９万トンの鉄鋼を生産した中国は背に腹は代えられず、ダンピング輸出を開始し、うち２０９６万トンをアセアン諸国へ、３８１万トンをインドへ売却した。安値攻勢はＷＴＯ規則に抵触するが、被害企業が提訴し、結審されるころに当該企業は倒産している。このあおりを受けたのは日本と韓国、そしてインドだった。

日本からアセアンへの鉄鋼輸出は１２０５万トン、インドへ１５７万トンとなったが、中国の輸出攻勢でインドのタタ鉄鋼はリストラに追い込まれ、タイのＳＳＩはとうとう経営破綻を迎えた。

ベトナムでは鉄鋼の安値でくず鉄価格が暴落し、くず鉄業者は休業状態に陥ったという。末端ユーザーは粗鋼やコイルなど安ければ買う。資本主義論理の宿命である。

造船はどうか。フェリー事故であきらかなように軍艦はつくっても、フェリーなどを造れないのが造船王国の韓国と中国である。

中国の造船城下町だった江蘇省南通市では「南通明徳重工」が倒産した。このため八千名の従業員が路頭に迷い、バブル期に開店した豪華ホテルには客がひとりもおらず、居酒屋、レストランは閑古鳥で廃業。まるでゴーストタウン化した。

鉄鋼と造船、あるいは軍事産業が集中するのは遼寧省の通化、鉄嶺、営口、大連そして胡盧島など。南へ降りて青島、上海などとなる。

こうした中国の在庫処理的な安値輸出は世界の貿易秩序を破壊する。以下、同様にアルミ、セメント、石炭、そして精密機関部品、スマホ、液晶の分野も、中国は在庫処分に迫られる。つまり各国の当該産業は大打撃を蒙ることになるのだ。

ならばスマホなどで液晶を生産する台湾系の鴻海精密工業などはどういう処置を講じているのだろうか？

鴻海は早くから工場の労働者不足になやみ、なにしろ最盛期、中国全土で１２０万労働者、同社人事部は毎日二万人が辞め、二万人が就労するという一種「職業安定所」（いまの言葉で言う「ハローワーク」）と化けていた。

その奴隷工場のごとき悪魔企業の実態は映画でも中国の暗部として取り上げられた。

そこで産業ロボットを大量に導入し、ＦＡ（ファクトリー・オートメーション）を大胆に展開してきたのだ。結果はファナック、京セラなどロボット増産となり、やがて中国製造業を中心とした経済の失速で、日本にも悪影響がでて、両社の株価は下落したままである。日本の株式市場が微妙に中国経済の実情を反映するのだ。

強気の投資マインドは消え、中国からロシアから、そしてアセアンの一部から資金が逃げ去った。逆に投資が増えているのはインドである。インドの２０１５年ＧＤＰ成長率は速報で７・４％だ。

国際金融協会が予測する各国からの資本逃避は中国が抜群の一位で、同協会の数字ではマイナスの４７７６億ドル、以下韓国から７４３億ドル、ロシアから５７５億ドル、サウジアラビアからも８５４億ドルが流れ出た。マレーシアも政治不安に襲われて不況入りしており、２１６億ドルが逃げた。

深刻なのはサウジアラビアである。

石油が歳入の70％をしめる同国の経済は、ついに海外資産を取り崩し、赤字国債を発行し、いずれ通貨リアルの大幅な切り下げに見舞われることになるだろう。サウジは15年だけでも９６０億ドルの対外資産を取り崩している。

早々と通貨安に見舞われたロシアは輸出代金が、ルーブル下落によりむしろ増える。このマジックで当面は経済を維持できるが、この先、先進国間でも通貨安戦争が再開されるとどうなるか分からない。

就中、中国は海外からの直接投資が激減し、富裕層が海外へ資産を移転し、おまけに中国人ツアーの爆買いによるドル資産流出が加わって金融収支は赤字となっている。

対照的にインドへの海外投資によるドル流入はプラスで475億ドル。ほかに海外からの流入が増えているのはブラジルとインドネシアなどで、これらを合計すると新興工業国家群からは、じつに8000億ドルが流出したことを意味する。

かくして「中国は非効率的な投資を積み上げて、実需を上回る過剰生産能力を築いた」のだが、その結果は「在庫の山を築き稼働率を落とし、価格低下を招いてこれがデフレ圧力となる」（渡邊利夫氏、産経新聞、15年10月27日）。

果てしなき蟻地獄に中国経済は陥没した。だから昨秋にだした拙著のタイトルも『「中国の終わり」にいよいよ備え始めた世界』（徳間書店）とした。

インドは断固フィリピンを支持

インドは地政学的に中国と対峙し、二つの国境地帯では軍事衝突が絶えない。このインドがロシアとの軍事同盟を米日豪へとシフトさせていることを中国がもっとも警戒している。

そのインドへ列強は俄然注目し始め、これまで中国投資に忙しかったドイツとて、インドに熱い視線を向ける。

メルケル独首相のインド訪問は15年10月5日だった。モディ首相と会談し、一緒にバンガロールへ飛んでボッシュ工場を見学した。

メルケル首相は「ドイツの技術とインドのIT技術の連合により、独印経済協力は新しい地平を開く」などとして、さかんな投資への意気込みをみせた。そのうえでメルケルは一億ユーロの対インド追加投資を発表した。

モディ首相は既に14年にドイツを訪問しており、ハノーバーメッセでABB社のブースを見学し、両腕ロボットの展示に見入ったことがある。積極的にドイツ企業のインド進出をプロモートしてきた経緯がある。

それにしても中国一辺倒だったドイツも、VWスキャンダルに加えて中国経済の失速を目の当たりにし、中国への態度を一変させたのかも知れない。

それとも、これもアジアにおける地殻変動のはじまりなのか。

ニューデリーで開かれたインド・フィリピン外相会議は15年10月14日、共同声明を発表した。

インドのスシマ・スワラジ外相は、フィリピンのアルベルト・デル・ロザリオ外相との会談で、「インド政府はフィリピン政府の立場を支持し、いわゆる『西フィリピン海』（南シナ海）問題での国際法廷の結審を中国が無視することになっても、この立場は変わらない」（つまりハーグの結論はみえており、また中国がそれに従わないこともいまから明らかである、と示唆した）。

「1982年の国連国際海洋法にもとづき両国の平和的解決をのぞむ。すでにインドはバングラデシュとの領海紛争を国際調停にゆだねて平和的解決をみており、ハーグの国際法廷が公平な判断を下すものと信じている」と共同声明は続けている。中国の南シナ海における人工島建設は国連海洋法を踏みにじっているが、中国の言い分は「あの1982国連法は、南シナ海には適用されない」という出鱈目な解釈をしている。

しかし何故、中国はこうしてまで強気に国際秩序を踏みにじっても平然と構えているのだろうか。

『サウスチャイナ・モーニングポスト』（南華早報）は、「習近平の外交目標は米国との対等な立場を得ようとするもので、つまり中国が国際秩序をつくる、と宣言しているのが習近平の外交基本である」と分析した。

同紙に拠れば最近の習の外交演説を精密に分析すると、そこに見えてくるのは「現状を変更する」という考え方が鮮明に投影されていると指摘している。これが過去三回にわたる習近平・オバマ会談での「新しい大国関係」の中身だったのだ。

つまり中国の最終的狙いは「ブレトンウッズ体制」ならびに「サンフランシスコ体制」を代替し、「中国主導によって新しい国際秩序を建設するというものだ」（同紙、15年10月15日）。

しかしインドにもアキレス腱がある。

中国のネパール投資がインドを超えたという驚きの事実だ。ヒマラヤ山脈にトンネルを掘ってカトマンズと結ぶ構想も中国は本気になっている。

青蔵鉄道というのは青海省西寧からチベットのラサを結ぶ高山鉄道。すでに完成し、日本からも多くの鉄道ファンが乗りに行った。この鉄道は既にチベットの首都ラサからシガツェ（第二の都市、パンチェン・ラマの拠点）まで延びており、中国はこれをネパール国境、山越えの貿易拠点の町まで延長する。

従来、ヒマラヤというそびえ立つ山々が地政学的にも障害となって、中国とネパールが交易することは考えられなかった。気がつけば、中国のネパールへの直接投資は１４０億ドルにも達しており全体の30％である。

中国はネパールのハイウェイ、鉄道敷設、水力発電所などの建設をなし、これまで直接投資と言えば、殆どがインド商人のものだったから、状況は激変したことになる。

とはいえ貿易の70％はインドとの間になされ、ネパール国民2800万人のうち、600万人がインドへ出稼ぎにいき、またインド人60万人がネパールで働いている。両国の結び付きは、中国の劇的な参入をみながらも確乎としている。1950年にインドとネパールは「平和友好条約」を締結し、武器供与はほぼすべてインドが行ってきた。チベットを侵略した中国に抗議し、またチベット難民がネパールを経由して北部ダラムサラに向かった。

ネパールのインド依存は強大であり、2008年までネパールへ中国が本格進出することなど考えられなかった。

それが変わりつつあるのだ。主因は政変である。ギャネンドラ国王を戴いた王制を廃止し、共和国制度へと改変の後押しをしたインドに対して、「大国」「盟主然として傲慢」とする不満が頭をもたげ、ネパールが「チャイナカード」を切った。以後、マオイストがネパールに浸透し、一時は政権を担うほどだったが、2014年の選挙で少数派に転落した。この間、中国はネパールに130万ドルの武器供与を行っている。

インドはネパールの二股外交を好ましく思わず、時折ガソリン供給をとめるなどの制裁に走り、15年10月には中国が緊急に１３０万リットルのガソリンを供給した（ネパール全体の年間ガソリン消費は13億７０００万リットル）。意外な場所で、意外なことが進行中である。

朴槿恵は前代未聞の反日政権

いまの日韓関係は「史上最悪」、すべての原因は韓国の狂気ともいえる反日感情と行動にあるが、だからと言って国交を断絶するわけにもいかず、日本外交の慎重な転換が試されてきた。

昨師走、28日になって岸田外務大臣は急遽、ソウルに飛んで「最終解決」に乗り出し、追加十億円程度の支給と慰安婦像の撤去を求め、双方は合意に達した。

そうはいっても政権が替わればまた問題を蒸し返し、カネをたかるという韓国の習性に変化は期待できないのではないか。

韓国の世論を日本から判断すれば、ほとんど狂気の沙汰である。

西尾幹二、呉善花の『日韓　悲劇の真相』（祥伝社新書）に次の対話がある。

西尾「日本は古いものを大事にするので、すべての時代の仏像が残っています。前代のものはほとんど破壊してしまう中国文明に対して、日本は神話を始め、すべからく大事に保存する文明です」

呉「日本文化は『和合』『融合』を軸にして形成されてきた、ということが分からないと、とても理解できません。中国や朝鮮半島の文明は『対立』を軸に文化国家を形成して来ましたから、その目で見る」（中略）「他者との向き合い方が、とにかく対抗的、敵対的なわけです」

西尾「北朝鮮の異常さと韓国の異常さは、かつては別のものと考えていましたが、しかし最近はどこか同質な一面があるのではないかと思っています。たとえば北朝鮮の独善性と、韓国の『対他者意識の欠落』は、よく考えてみると、じつにそっくり」

呉「韓国を知るには北朝鮮を見ると分かりやすい、韓国を極端にしたのが、北朝鮮」。

本質をずばり抉り出す表現が次々とお二人から機関銃のようにでてくる。他者を意識しないジコチュウがここまで高まると手に負えないともいえる。

だから韓国の政治家らは世界中が日本が悪いと認識していると一方的に思いこんでいるわけで、ところが韓国大統領が西側に「告げ口外交」に行くと、ハナから馬鹿にされる。

韓国の社会とは「分裂抗争が拡大増幅する社会だ」と呉女史は指摘する。

西尾氏が続けている。「韓国は『日本は反省していない』と言いますが、日本人は反省しすぎるんです。愚かと思えるくらい反省する国民です。これほど反省ばかりしている日本を、『まったく反省しない国』と言いつのる韓国は、いったい何処を見ているのだろうと、不思議でなりません」。

対して呉氏。「韓国人ジャーナリスト等は日本がアジア解放に大きな役割を果たしたという評価が世界にあることは知っています。しかしそうした評価は、彼らとしてはあってはならないものです」

日本に留学前まで、呉善花氏は「韓国が日本から大規模な経済技術援助を受けていたなど、まったく知りませんでした」と率直に告白するほどに、韓国の教育現場もマスコミも身勝手なのである。

筆者が最初に韓国を取材したのは１９７３年だったと記憶するが、一週間ソウルに滞在し、毎晩のように閣僚らとも懇談した。金鐘泌首相、文科相、スポーツ担当相ら、全員がなんと日本語を喋った。それも格調高き戦前の日本語だった。

この時期、「開発独裁」を掲げていた朴正熙政権は日本に対して謙虚とも言えるほどの態度をとりつづけ、日本の親韓派といえば、ほぼ全員が保守系だったのである。なぜなら韓国は「反共」の砦であり、国際的な反共運動が盛んであったし、韓国を批判していたのは岩波、朝日など例によって左翼ブンカジンだけだった。

それが朴政権の退場のあとに続いた軍人政権（全斗煥、盧泰愚）はふたりとも日本語を喋ったのに人前では決して親日的態度を示さなかった。

驚いたのは朴政権時代の政治家をパージし始めたことだった。前政権否定が、韓国の常識であることをしらなかったから、なんとカメレオンのように変貌するのかと思った。同時に日本の反共保守陣営も徐々に韓国から遠のいた。

それからしばらくも仕事の関係でソウルへよく行ったが、この間にも国際シンポジウムに招かれ、高坂正堯氏、黒田勝彦氏らと参加したことがあった。強烈な反日姿勢を感じることはなかったが、なにかしら距離が遠くなったなぁという感想をいだいた。

88年ソウル五輪前にも国際会議があって、竹村健一、日高義樹氏等と参加したが、日本との距離が大きくひらいたという気がした。筆者はこの間に、韓国人ジャーナリストとして著名な池東旭氏と二冊の対談本を出した。

韓国が露骨な「反日」を示し始めたのは金大中政権の後期、そして盧武鉉、李明博政権で確定的となった。なぜかと言えば「反共」が西側の政治スタンスから消えたからである。

そのうえ中国がグローバルな視野に躍り込んできたため韓国の政治スタンスががらがらと変わった。

韓国外交は露骨に北京寄りとなり、日本は「どうでもよくなった」のである。李明博政権後期からは誰もが認める反日が政治の基本スタンスとなって「反日」を言わなければ政治家の資格がないという韓国特有の不思議な雰囲気に変わってきた。

異形な韓国の反日は、病的に進化し、こんにち狂気の反日政治家、朴槿恵を産んでしまった。そして次の韓国大統領はおそらく、いまより酷い反日家がなるであろう、と絶望視される。

呉善花『朴槿恵の真実　哀しき反日プリンセス』（文春新書）は朴大統領その人の個人と来歴だけに焦点を徹底的に絞り込んで、その血脈、人脈、金脈から、なぜ狂気ともいえる反日言動に終始するのかを追求している。

両親が暗殺され、雌伏の十年を経て、国会議員になり、やがて大統領候補として与党内に頭角を現し、対立候補を僅差で破って当選した。日本のマスコミは当初、かの朴正煕大統領の娘だから反日路線を沈静化させ、やや親日的な政策に打って出るのではないかと楽観的な見通しを語っていた。

ところが予測に反して次々と繰り出される反日、侮日言動の数々、世界を「告げ口外交」で行脚し、とうとう主要国家から総スカンをくって孤立したが、それでも懲りずに強制連行、従軍慰安婦、あげくに「性奴隷」と改竄したヒストリーを虚ろに吐き続けた。

韓国ではそうすれば支持率があがるという民度の低さも問題だが、底流に流れるのは「天帝思想」と「過去清算」であり、国民性の基底にながれるのは「情緒」という、得体の知れない、非合理で説明がつかない心情なのである。

しかもこの韓国特有の情緒が政治を左右するのだ。

他方、日本では、韓国(中国を含めて)の反日キャンペーンに用いられた「強制連行」、「従軍慰安婦」、「性奴隷」がまったく存在せず、「創氏改名」は自らが望んでしたことや、ベトナム戦争で、韓国軍がいかなる極悪非道の行為をしたか、満州から引き上げる日本人女性をどれほど強姦したか等、韓国の「犯罪」が日本国民に知れ渡った。

反対に韓国では、在韓米軍の慰安のために、多くの売春婦施設を国を挙げて組織していたことなど、彼らの恥部があますところなく暴露される結果となり、あの「征韓論」以来の反韓論が日本で巻き起こるという、逆効果を産んでしまった。

「朝鮮半島には救いがない」「もう付き合うのはよせ」「捨て置け」というのが、現在の日本の世論である。

さはさりながら、朴槿恵大統領は、「韓国の国民情緒(国民心情)の性格とその時々の流れをしっかりと見据えながら、自らの政治的な立場や主張を『思い切りよく』変化させてきた」ことが特徴であると呉善花教授は指摘する。

そして「韓国の政治・社会を動かす支配的パワーは、現在では国民情緒から発せられるパワーなのである」。

その「国民情緒」が、法律的、合理的、いや論理的な思考をできなくさせており、或いはできてもそれが別世界の概念として退けてしまうのか、韓国がいつまで経っても大人になれないのは哀れである、とする。

朴槿恵は両親の暗殺後、父親を否定して政治家にデビューしたのも天帝思想という小中華主義の韓国型バージョンであり、「反日」「左派迎合」「親北」という政治姿勢を維持しなければ選挙では勝てないという韓国社会の悲劇にこそ真因がある。

そして台湾はどこへ行く？

握手は82秒続いた。

日本のメディアは「一分を超える長さ」と書いていたが、『ＴＩＭＥ』の記者は時間を計っていた。ともかく異様な長さ。お互いにこれ以上はないと思える作り笑い、ぎこちない歩み寄りだが、カメラの放列を前に両者は握手を続けた。

２０１５年11月７日、シンガポールのシャングリラホテルで１９４９年の分断後初の中台首脳会談が開催され、習近平（中国共産党総書記）と馬英九（国民党前主席）が両岸対立関係の雪解けを演出した。双方、肩書きに「中国国家主席」とも「中華民国総統」とも名乗らず、国旗はどこにも飾られない。お互いに「さん」づけで呼び合った。

中国側のメディアは「習馬会」、台湾のメディアの多くは「馬習会」と主客をあべこべに報じたが、主眼は平和的解決を謳い、「中国は一つ」という1992年共通認識の確認でしかなかった。

せいぜいの成果はと言えばホットラインの設置が決まったくらいである。これを「歴史的握手」「一つの中国を確認した」などと政治的収獲が中華思想の強いメディアによって喧伝されたものの、実質的な成果はゼロと言って良いだろう。

習近平が用意した宴会用の土産は貴州省のマオタイ酒の逸品、馬英九は馬祖の高粱酒。くわえて馬は、習近平に藍鶴という彫刻を持参した。

台湾国民党の思惑は「この会談により、これからも中国との関係は国民党主導でなければうまくいかない」（野党では駄目だ）という強いメッセージを発信して、1月16日に迫った総統選挙でも逆転勝利狙いだった。

この点に関しては最大野党の民進党も最近は「台湾独立」の旗を降ろしており、蔡英文党首自身、記者に「あなたが新総統になって、北京を訪問することはあるのか？」と問われると「適当な時期に適切なテーマがあれば（行く）」と答えているのである。

しかし「１９９２年合意を尊重し」などと謳っても、これは中国共産党と台湾国民党の、党と党の合意であり、次期政権が民進党に移れば、党合意は国家合意ではないから、尊重されない。

いやもっと言えば、合意そのものが存在したか、どうか怪しいのである。

１９９２年当時、台湾総統だった李登輝は、国家統一委員会や国家安全会議を主宰していた。この会談は江沢民の先輩格だった汪道函と「台湾財界総理」の異名をとった辜振甫がシンガポールで「顔合わせ」をしただけで合意文書は発表がなかった。

したがって李登輝元総統自身が「そのような合意があったとは報告を受けていない」と発言し、「92年合意」は存在しないと何回も表明している。

台湾の中央通信社は15年5月3日にも次のように報じた。

「李登輝元総統は『一つの中国』に関する両岸（台湾と中国大陸）の共通認識『92年コンセンサス』（九二共識）について、『(与党・国民党が) 重ねて主張しているのは、中国に合わせるためだ』との考えを示し、『台湾は台湾で、中国とは関係がない』と述べた。李登輝政権での立場は『台湾と中国は特殊な国と国の関係だ』とドイツのメディアに語り、台湾民衆の多くの願いを代弁したものだった」。

李登輝元総統は「国民党が都合よく解釈できるよう、２０００年当時、台湾の対中国大陸政策を担当する大陸委員会主任委員（閣僚）だった蘇起氏が作ったものだ」と発言している。

その幻の合意を、あたかも存在するかのように共産党と国民党の猿芝居が演じられており、しかも「両党」の合意ではあっても「両国の合意」ではない。

しかも習馬会談では期待された共同声明はとうとう発表されなかったばかりか、両者の共同記者会見も行われなかったのである。

だから台湾の反応は最悪だった。

「馬英九は自身のレガシーを作るために国を売った」（世界台湾人会議議長の王慶厚）

「習近平を前に馬英九の態度はへりくだりすぎ、あれでは国家元首の威厳さえない」（評論家の林保華）

「この八年間の任期中に馬英九がしたことは、台湾という美味しい魚を中国のテーブルの上に載せたことである。食べやすいように骨まで抜いて」（王明理）

そして政府ビル前に座り込んだ抗議集会では「MA IS MA, TAIWAN IS TAIWAN」（馬は自分のためにやっただけ、台湾は台湾だ——中国の言う「中華民族」に台湾人は入らない、という意味）というプラカードが並んだ。

台湾の民衆の多くは習馬会談に「ＮＯ」と言ったのである。

事情通に聞くと「馬英九の九をもじって言うわけじゃありませんが、馬の支持率は九％、そして中華思想を信奉し、統一を推進する外省人タカ派の人口比も、およそ九％。ですから彼らを『九％グループ』と呼び、わずか九％の連中に台湾政治を勝手にはさせないという思いが台湾各地での抗議行動に繋がっているのです」という。

学生、知識人らは連日のように抗議デモや集会を繰り広げ、次期台湾総統選挙にむけ国民党有利と踏んだ中台首脳会談は真っ逆さまの逆効果となったようだ。

「中国はふたつの顔をみせるようになった。平和と繁栄をもたらすパートナーという通商方面での顔と、南シナ海を扼し、アジア諸国の盟主として世界秩序に挑戦する恐ろしい顔と」（ヤン・ラザミ・カサリ、シンガポール南洋大学教授、『南華早報』、15年11月17日）

11月17日時点での台湾の世論調査によればシンガポールにおける中台首脳会談と、朱立倫（国民党主席）の訪米にもかかわらず、朱立倫支持は20％台でしかない。それも首脳会談直前より数字が下がっているのである。

米国は蔡英文訪米を歓待し、『ＴＩＭＥ』が特集するほどの熱の入れようだったが、じつは中国共産党も内部資料では蔡英文当選は織り込み済みだったのである。だから朱立倫は総統選立候補を最後の最後までためらったのだ。

台湾の民衆は中国との貿易依存度のあまりの偏重ぶりを危惧しており、また台湾企業はおよそ一万社が撤退し、ベトナムなどへ工場移転をしている。台湾企業の駐在社員らが、投票のため帰国しても大勢に影響がない。

その後も、選挙戦は民進党有利に進み、同時に行われる国会議員選挙ですら、国民党は過半数を割り込む可能性が予想されていた。

11月16日に民進党主席の蔡英文は副総統候補として中央研究院副院長の陳建仁を指名した。陳はＳＡＲＳ流行のおり、防疫に指揮をとった。

11月18日に親民党の総統選候補、宋楚瑜（元国民党秘書長）は副総統候補に民国党主席の徐欣瑩・立法委員を指名した。次いで国民党候補の朱立倫は副総統候補に王如玄を指名した。

２０１６年１月16日の台湾総統選挙で、結果は次の通り、蔡英文の圧勝だった。

蔡英文（民進党）　56％

朱立倫（国民党）　31％

宋楚瑜（親民党）　12％

「共産主義」も「台湾独立」も消えて

1945年、重慶で毛沢東と蒋介石が握手したが、これは抗日戦争勝利のための面談であり、直後から両者は戦闘状態に入り、国共内戦は四年間続行された。

蒋介石、蒋経国親子は「大陸反攻」を標榜し、共産主義政権とは決して妥協しないという立場を堅持したし、李登輝時代にも、「中国と台湾は国と国の関係」と明示し、いかなる話し合いにも応じなかった。陳水扁政権では「一辺一国」を標榜した。しかし巷の民意は台湾独立志向だった。

両国の政治の表舞台から「共産主義」も「台湾独立」も消えてしまった。

いっぽう大陸側の事情と言えば、習近平政権の背後に「中台併合」を強行しようとする中国共産党のタカ派がおり、かたや支持率9％しかないレイムダックの馬英九。支持母体の国民党はいまも内ゲバの最中である。

朱立倫が急遽米国を訪問しても軽視され、「馬はすでに過去の人」（TIME、11月23日号）と酷評された。

それにしても不思議なのは、あれほどの強さを誇った国民党がどうしてこれほどまでに凋落したのか?

様々な原因が考えられるが、最大の要素は馬のわがままな性格である。国家国民の大義より自己の名誉、保身そして蓄財に興味があり名誉欲だけが人一倍強い。

筆者は馬英九と就任直前に独占インタビューをしたことがあるが、「わたしは(陳水扁政権のように台湾独立を言って)トラブル・メーカーを目指さない。台湾が目ざすのはピース・メーカーである」と言ったことを昨日のように思い出す。

波風立てず、現状維持のために北京とは徹底的に妥協するという姿勢である。

次に馬英九は権力欲が強いうえに団結心、調和力に乏しい。国民党内で最大の政敵、王金平(国会議長、本省人)との確執は有名だが、後継を朱立倫にもすんなりとは決めずに邪魔をし、最初の党大会ではこともあろうに即時統一を主張する中華思想のお化けのような女性議員を次期総統候補に決めて悠然としていた。もっとも前年に、あまりの人気低迷に馬英九は国民党党首の座を引きずりおろされていたが……

その裏に秘められた馬の真意とは辞任後の身の安全ではないかという噂も台湾では囁かれている。それは馬が台北市長時代に開発のための土地を市長権限で認可しマンション建設を進めたが、背後で多額の収賄があったとされ、証拠書類の審査に入ったという情報もある。総統辞任後に、陳水扁が逮捕され監獄にはいったままであるように馬への司法の追及が予想されるが、これを躱すには馬の影響を行使できる後継政権が必要。だから身勝手な振る舞いが目立った。その悪運も尽きようとしている。

国民党の大敗は蔡英文政権を5月に正式発足させることになるが、これにより台湾と国交のある二十三カ国が北京の根回しに便乗して外交関係を絶つ可能性もある。

ところが民進党関係者はむしろ歓迎風であり、「そうなればカネをばらまく外交に終止符を打ち、正式に中華民国という国名を降ろし『台湾共和国』として堂々と国連加盟を申請できる」からだという。

だが、そうはさせじと波乱を狙うのが国民党内の九%グループや軍のタカ派、そして考えられる最悪のシナリオが「戒厳令」による新政権の機能停止である。

中台首脳会談はむしろ台湾海峡の危機を増幅させたようだ。

太陽を取りもどすために

チベット仏教はいまの中国のチベット国内のみならず、旧吐蕃《とばん》全域と内蒙古（南モンゴル）に凄まじい影響力をもっている。

具体的にいえば青海省は丸ごと、チベット仏教の土地、四川省の西半分、雲南省の北西部、甘粛省の殆どが、昔は吐蕃だった。これらの地域がチベットの古里である。中国の侵略によってながらく奪われた土地である。（ちなみにパンダは四川省。つまり中国のものではなく、チベットの動物である）

昨今、二百人ちかい焼身自殺がでているのは、これらの地区なのである。地区別の統計をみると、ラサでの焼身抗議はふたり、チベット自治区全体で八名なのに対して青海省、四川省はそれぞれが数十名単位である。これは衝撃的である。

２００９年３月から焼身抗議が始まったが、15年8月1日現在までに１４７名が焼身抗議を行い、そのうち１２３名が死亡した。

かれらは「特別の苦しみの解放から個別の権利をもとめる動機ではなく、政治的抗議としてチベット民族全体の解放を求める民族運動である」（中原一博『チベットの焼身抗議』、集広舎）

焼身自殺行為は凄まじくも荒々しい政治運動なのである。たとえば17歳で焼身抗議した尼僧サンゲ・ドルマさんの『太陽を取りもどすために』という辞世の句がある。

「チベット人たちよ　見上げよ
　黄昏の蒼い空を　見上げよ
白い雪山の天上の天幕のような

私のラマがお戻りになられた」

しかし日本のメディアは、少数をのぞいて、チベットへの理解がまるでなく、報道もゴミ記事扱いであり、全貌がまるっきり知られていない。

前掲書はダライラマ法王に惹かれてチベット亡命政府のあるインド北部のダラムサラに30年を暮らす日本人の建築家が、膨大な資料と情報を集めて編んだ画期的な労作である。おそらく日本では初めての試みである。

精神的支柱として世界を行脚されるダライラマ法王に対して、北京にある独裁政権は無慈悲な政策と国内チベット仏教徒に過酷な弾圧を行い続け、世界の顰蹙を買っているが、「これは国内問題。内政干渉をするな」と嘯き続ける。120万人ものチベット人虐殺を「解放」といって正当化しようとしても、その嘘は明らかであり、世界で中国の印象が最悪なのは、こうした傲岸な態度への反撥が主因である。

「（焼身抗議の連続は）中国共産党のチベット統治政策がことごとく失敗したという証し」なのであり、「焼身抗議を行う人々が最後に叫ぶ言葉は『チベットに自由を！』、『ダライラマ法王のチベット帰還を！』というものである」（中原前掲書）。

それらの情報は地道に蒐集され、ダラムサラに秘密のルートで運ばれてきた夥しいメッセージや遺書によっても明らかになり、著者はブログなどで世界に発信し続けた。

関連してリンチン（仁欽）『現代中国の民族政策と民族問題――辺境としての内モンゴル』（集広舎）を紹介しておきたい。

かつて雄大な草原、宏大な牧草地をほこり、のどかに暮らしていたモンゴルの民が、中国共産党の侵略以後、いかなる悲劇に遭遇しなければならなかったか。

近年の日本ではチベットとウィグルは語られるが、南モンゴル（中国のいう「内蒙古自治区」）についての研究は緒に就いたばかりである。最近ようやくにして楊海英氏、ボヤント氏の労作が登場し、また在野でも「アジア自由民主連帯協議会」などの活躍があり、人々の目が注がれるようになった。

本国のモンゴルは、ソ連支配下で、徹底的な非民族化教育が行われた結果、じつに驚くべきことに1992年までチンギスハーンはタブーだった。かわりにソ連の占領軍的な親玉ジューコフ将軍が国父のごとく教えられた。

旧ソ連崩壊後、モンゴルではただしい歴史を教えるようになるが、チンギスハーンの文献がないため、わざわざ日本の学者に聞きに来たほどだった（筆者と宮脇淳子氏との対談『中国壊死』、ビジネス社参照）。

民族の記憶を消すには言語を忘れさせ、歴史を抹殺せよ、というのが戦勝国側の原則である。内モンゴルも例に漏れず、いつのまにか周りはずらり漢族が占め、教育現場でモンゴル語は消え、そしてめちゃくちゃな中華思想の歴史が教え込まれる。この歴史の空白を埋めるための学究が、文献集めやインタビューという、相当な苦労をともなう作業が必要となり、つまり内モンゴルの独自の歴史恢復は途次にある。

もともと清朝時代から「牧草地の開墾」を名目に漢族の入植が始まっていたが、季節的に春、モンゴルへやってきて収獲が終わると帰る「燕行」が主力だった。その「借地養民」政策が実施された1912年にははやくも漢族の人口比64・5％となった。1957年には全人口936万人のうち、86・7％が、漢族となっていた。驚くべし、この蝗の大群。

そして放牧地が漸次、浸食されていく。

言語に関しても「公文書」には必ず、少数民族の言語を併記するという保証があったにもかかわらず、いつのまにか、教科書、各種届け出書類は漢語一色となり、「多数派となった漢族にしたがえ」とばかりに、「モンゴル語を学習する必要性はなくなり、貿易、郵便、銀行および各種の企業幹部においても、モンゴル人幹部も漢語を学習した方が出世や昇進に有利となって急速に廃れる」。

つまり非モンゴル化が急速に進むのである。そして文革の悲劇がおこる。

「文化大革命の時期には「民族問題は階級問題」とされ、民族的なものはすべて否定された。民俗言語は「おくれた」「無用な」言語であると否定された。少数民族の教師も当然のこととして迫害、追放された」

たとえばフフホトでは10の小学校が廃校となり、モンゴル語の先生90人のうち、３名が死亡、55名が職場を追われ、29名が転勤となった。漢族地化された土地は全モンゴルの三分の二と推定され、悲劇は固定されてしまった。

草原は劇的に縮小し、農地は荒れ果て、汚染され、再び放牧に戻ることは困難だろう。

アジア諸国は反中国共産党だ

「アジアの民主化を促進する東京集会」と銘打たれた第五回「アジア自由民主連帯協議会」（ペマ・ギャルポ代表）が２０１５年10月24日、東京で盛況裡に開催された。

会場を満員にした参加者は「いかなる侵略にも覇権主義にも反対し、このアジアの真の民主化と民族自決権が確立するその日まで戦い続ける」という決議文を満場一致で採択した。

会は最初に副会長のイリハム氏から開催に到るまでの経過などが述べられ、来賓として駆けつけた衆議院議員の柿沢未途氏（維新の党）から激励の挨拶。そして記念講演としてジャーナリストの相馬勝氏（元産経新聞香港特派員）が登壇し、中国の現実と経済的苦境を説明した。

相馬氏は講演のなかで、「習近平の推進する反腐敗キャンペーンによって、戦々恐々となった共産党幹部が動かなくなった。幹部が仕事をしないために、経済が動かなくなり、ついで庶民の不満が増大し、幹部はまた腐敗、党規違反などといわれて拘束される。だから幹部は動かない」という悪循環の罠に陥ってしまった。中国経済の停滞は「ソ連の崩壊のパターンに類似してきた」とした。

ひきつづき、登壇した政治学者の藤井厳喜氏は、市ヶ谷に建立されたインドネシアのスディルマン将軍の銅像の由来、日本とインドネシアの連帯のつよさなどの報告があった。

次にアジア各国の代表がたち、現状報告に移った。

トップバッターはウィグル自治区（東トルキスタン）を代表してグリスタン女史。

「東トルキスタンではいま幼児教育の現場で大変なことがおきています。幼稚園の段階で、無理矢理、おさない幼児らに中国の主観による教育がたたき込まれています。その洗脳によってウィグル族は母国語を失い、やがて物事を考えるのも中国語でしなければいけなくなり、大事な民族の宗教、伝統、文化が失われてしまいます。算数や歴史、科学が中国語でしか理解できなくなるのです。

となればウィグル族としての意識が希薄になり、テレビ番組も中国語放送、運転免許証も中国語で試験をうけるとなれば、ウィグルの民族意識、伝統がなくなり、自らの歴史を語り継ぐことさえ中国が冒涜しているのです。このような中国共産党はアジアにうまれたガンです」。

まさに歴史を抹殺すれば、その民族は滅びる。中国はそれほど悪辣な教育をウィグルでは幼稚園を増設して、おこなっているという衝撃的な報告だった。

つづいてチベット代表のチュイ・デンプン博士はこういった。

「チベットでは寺院にも中国旗がはためき、人類の普遍的価値である自由・人権・法治・民主が奪われ、まさに『中国の植民地』と化しています。古来よりのチベットの宗教、歴史、言語を回復しようにも中国の公安があちこちに監視の目を張り巡らせております。私たちは高度の自治を要求してきたのです。しかし２００８年に中国はチベット国民の悲願であった自治を拒否した。このため各地に焼身自殺による抗議が翌年から頻発し、現在までに１４７名の人々が犠牲となりました。

こうした同胞の死を無駄にしないために、同胞の魂が蘇るまで、この野蛮の中国の政治をこれ以上許すことは出来ません。わたしたちは非暴力を貫き、闘います。

また日本は戦後、アジアの誇りであり、日本こそはアジアに平和をもたらす総合的パワーの源泉であり、過去の反省も勇気と自信をもって未来に繋げるという自信を恢弘し、立ち上がることを強く期待しております」。

ベトナムからアウン・ミン・ユン（ベトナム革新党）が登壇して挨拶した。

「ベトナムも一党独裁で人々の自由を踏みにじり、かの共産主義は人々を弾圧してきた。この独裁は北朝鮮と同じだが、北はあまりにも酷いので目立つのに、ベトナムの独裁は巧妙ゆえに目立ちません。いま日本人はベトナムに観光にきて自由に観光地をあるきまわり、食事をしているが、ベトナムの本当の姿が分かっていない。マスコミも大事なことを伝えていない。

ベトナムでも官吏の腐敗はめにあまり、賄賂、ピンはねが横行し、中国への抗議でさえベトナム執権党が許可しないのです。自由と民主を要求する知識人は監禁されています。ベトナムは一日もはやく『脱中国』をはからなければ、ベトナムがだめになってしまうのです。われわれは、自由のために、平和的手段を通じてこれからも闘い続けます」。

南モンゴル（内蒙古自治区）を代表しての演説はオルホルド・タイチン氏。

「1945年の世界大戦の結果、列強の干渉によって、モンゴルは南北ふたつに引き裂かれ、中国の侵略によってあらためて南北に分断されたのが南モンゴルです。これを中国は『内蒙古自治区』などと呼び変え、その後、夥しい漢族が入植しました。モンゴル人は『自治』を無視されて凄惨な弾圧をされ続け、じつは文革中に、もっとも粛清の犠牲が多かったのはモンゴル人なのです。

モンゴルのエリート、知識人は殺され、或いは政府のポストから外され、自治区とは名ばかりの『植民地』とされてきたのです。これほどの弾圧によって、モンゴルの伝統文化、風習、宗教が破壊され尽くしたのに、海外では南モンゴルのことはあまり問題視されていません。

南モンゴルの問題は世界でなにほども問題視されていないのも、人口比率でモンゴル人は18％しかいなくなり、共産革命から半世紀で、もののみごとにわれわれの祖国からモンゴルらしさが消えた。アイデンティティのすべてが失われたのです。にもかかわらず北京の軍事パレードに国連の幹部が出席したことは、恥ではないのですか。中国の横暴をここまで容認しているのです。

日本は自由の国であり、この地から私たちは自由・民主の炬火を掲げ、中国の民主化を達成して、われわれの自決権を勝ち取るまで戦い続けます」。

つづいて中国の代表がふたり登壇した。最初は中国の「中国民運団体協議会」から王戴氏が演壇に立った。

「中国は他民族の弾圧ばかりではなく自国内で知識人、民主活動家を弾圧しています。いまの抑圧政治は文革のときと同じレベルの凄まじさです。

一例を挙げます。民主を擁護する自由民権派の弁護士、王宇さんは息子が豪州へ留学するため北京空港へ向かう途中に家族ごと拘束されました。そのうえ、息子の包くんは酷い拷問を受けました。ようやく息子さんは釈放されても監視され、自宅には戻れず内蒙古の親戚宅に預けられ、さらにはパスポートを取り上げられ、外部との接見を禁止されました。豪州留学先のホームスティの費用も取り上げられ、まるで『天国から地獄』へ転落したかのようになり、包くんは一度脱出に成功したのですがミャンマーの逃亡先で行方不明となりました。おそらく逃亡ルートに中国の工作員が紛れ込んでいた。このように人権を弾圧することは国連決議にも違反しており、ほかにも、このような人権擁護の弁護士等が二百数十名も拘束されているのです。

覇権をめざす中国共産党を打倒するために、私たちの闘いは続きます。ご支援をおねがいします」。

もうひとりは朝鮮族の南京男氏。吉林省朝鮮自治区出身。

「中国国民は自由を奪われ、中国憲法で保障された生活の自由、安全が脅かされ、7億人から9億人と推定される貧困層は塗炭の苦しみ、生活の苦境にあえいでいます。中国の経済繁栄とは権貴階級の利益が最大級になるだけのものであり、少数民族への弾圧と同様な専政ぶりなのです。少数民族にとって信仰は民俗のアイデンティティであり、団結の、精神の旗でしょう。生命の最重要な核心的要素でもあり、これがマルクス主義者によって、あらゆる階層が、党への帰順を強要されている。少数民族自治区へ大量の漢族を入植させ、長期化させ、自由を奪い、信仰を奪うということは対中国共産党への憎悪を高めさせていることでもあり、この独裁を打倒し、真の民主化をいそがなければならないのです」。

この大会に中国人代表が出席したこと自体が異例である。

バングラデシュからはプレビール・ビカシュ・シャーカー代表が登壇した。

「いまのバングラはまだ自由な国とはいえません。しかし、いまの運動の盛り上がり方を見ていると百年前の興亜の状況、ベンガルからも日本の世論に助けられ、独立運動が燃えさかった時代を彷彿とさせてくれます。アジア諸国は日本の発言力に期待しているのです」

ミャンマー代表は「南機関の活躍とともにミャンマーは独立できたのである。ビルマ独立義勇軍は戦術的に日本と敵対することもありましたが、最終目的は英国軍と闘い独立を達成することでした。私たちの先祖は、日本軍とともに闘ってミャンマーは独立を獲得できたのです」と力強く日本の協力を力説した。

最後に集会を総括して代表のペマ・ギャルポ氏が「アジア全域で自由を目ざす運動の拡大をはかり、米国の押しつけ的な民主主義を乗り越え、ベストで当該諸国に適切な民主主義を確立することを共有する価値観として、これからも運動は続けられる。とくに私たちは若い世代の育成にもはげみたい」と今後の方針と抱負を述べた。

　こうした活動が存在すること自体、日本のメディアは報じない。だから多くの日本人はかれらの悲劇を知らない。情報過多、ＩＴでなんでも情報は入手できるとされる日本で、真実は伝えられていない。じつに不幸なことである。

南シナ海ばかりではない

　過去のパスポートが手元にないので、いつのことか正確な日時を思い出せないが、ともかく十数年前、筆者が搭乗したテヘランへ向かうイラン航空機は北京経由だった。成田から北京へ飛んで乗客の半分が入れ替わった。日本人客の多くは北京でおり、かわりに中国人がどやどやとテヘラン行きに乗り込んできた。その大半が軍服着用の中国人民解放軍の兵士だったのには驚かされた。

　テヘラン空港に降り立つとイラン軍人が出迎えにきていて、「おや、中国とイランの軍事交流はここまで進歩しているのか」と印象が深かった。80年代のイラン・イラク戦争のおり、中国はイランとイラク両方にスカッド・ミサイルを大量に供与していて「死の商人」

といわれた。

２０１５年10月15日、テヘランで中国とイランの軍幹部による軍事交流イベントが開催された。中国側の代表は孫建国（海軍大将、副参謀総長）、イラン側はホセイン・デグハン国防相である。孫建国は「ミスター潜水艦」という異名をとる海軍のライジングスター。習近平の覚えめでたく、習訪米前の軍人訪米（団長は范長龍）に随行しており、米国側のカーター国防長官と会見した。次期軍事委員会人事をにらむとき、もっとも注目される中国軍人の一人である。

席上、孫建国提督は「イランとの軍事交流をふかめ、お互いの立場を尊重しながら地域の安定と平和に貢献したい」等と述べ、また米国のイラン制裁解除に中国が裏で調停役として、動いたなどと強調した。昨年、中国の海軍艦船が補給と修理のためイランのバンダル・アッバス港に寄港しており、またイラン海軍幹部は中国の潜水艦などに試乗した。

中国空軍の馬暁天司令員（つまり空軍司令官。中国党中央軍事委員会委員）はイランからの空軍幹部と北京で会談し、今後「イラン空軍の質的向上に最大限の協力をすると述べた」（『ザ・タイムズ・オブ・インディア』、15年11月3日）

中東の地政学の激変に出遅れた中国だったが、その後、16年1月に習近平が訪問するなど、イランを梃子に劣勢の挽回を狙っているようである。また中国の軍事力を脅威視しているインドの論調は重要であり、おもわぬ情報がときおり含まれる。

日本の脇腹にドス

中国が勝手に東シナ海の日中中間線に海洋リグを建ててガスを採掘しているが、まるで他人事のように日本政府はかたちだけの抗議をし、話し合いを呼びかけてきた。

中国はストロー方式で海底では日本領海からの資源を盗掘している可能性がある。「新しく12基が建設されており、合計16基となっていた」と15年7月になって日本政府は公表し、中国に正式に抗議した。すると中国は、「問題を起こすな。対立を煽るのは日本側に責任がある」云々といつものように何の根拠もない、論理的には成り立たない論法で反撃した。

泥棒が逃げるときに「泥棒っー」と叫んで恰も泥棒を追いかける格好で逃げ切る。これぞ中国特有のお家芸だ。

さて日本は中間線に海洋リグを建設しなければならないのだが、なぜおびえているのか、誰におびえているのか。邪魔をしているのは日本の官庁である。尖閣に日本人が上陸しようとすると、これを妨害するのも日本の官僚、つまり背後にあるのは外務省と関連官庁である。

解決法がひとつある。

海洋リグ、掘削技術に優れているのはカナダ、ついで英国など北欧企業だ。中国はカナダの関連会社を2社買収し、その技術を用いて、南シナ海で海洋リグを建設し、掘削作業をしている。現場にはカナダ人技術者も混じっている。

インドも２００６年にベトナム政府から南シナ海の資源探査のためのプラットフォーム建設許可を正式に得ている。国際法上、なんら問題はない。

インド国有の石油会社は南シナ海のベトナム領海内で鉱区開発の許可を取得し、ちかく本格的な探査のための海洋リグを建設するとみられる。ベトナム政府は同様に日本、米国、シンガポールの企業にも探査許可の方向にある。

南シナ海には３００億トンの石油と16兆立方メートルの天然ガスが埋蔵されていると推計され、資源奪取のために中国が７つの珊瑚礁を埋め立てて、ベトナム、フィリピン、ブルネイ、マレーシア、インドネシアと係争を続けていることは周知の事実。この輻輳した状況にインドが乗り込んでくるとすれば、中印対立はますます激甚なものになる。

ところが日本の民間企業は、開発作業をしても軍事的な安全を得られないとしてどこも名乗り出ない状況が続いている。国策のエネルギー会社も何かにおびえ、開発計画をつくっても誰も乗り出そうとは言わない。

かつて筆者は次の指摘をしている。

「カナダへの投資は中国が堂々の第一位で全体の28％、第二位が米国で19％、日本の丸紅なども投資しているが、まるで目立たない。２００８年10月、シノペックはカナダ企業「タンガニカ石油」を20億ドルで買収し、完全子会社とした。２００９年8月、ペトロチャイナは「アシアナバスカサンズ」社と組んでアルバータ石油を19億ドルで買収を試みた。２００９年6月、シノペックはアダックスペトロ社を82億ドルで買収し、１００％子会社とした。２０１１年10月、シノペックはディライト資源を23億ドルで買収し、１００％子会社とした。２０１２年7月、中国海洋石油はネクセンを１５３億ドルで買収した。これは過去最大級の買収である。ネクソンはカルガリーに本拠を置く石油とガス会社で、買収額のほかに同社の借財28億ドルも立て替えた。

このほか、巨大案件は枚挙にいとまがないほどで、そのあまりに迅速且つ強引で巨額を投じる動きにカナダは国家安全保障にからめて買収を拒否する動きも議会に見せたが、保守党政権は、そうした外国資本排斥には動かない。カナダ政府に代わって反対に動いた伏兵は、カナダ・インディアンという先住民族である。反対理由は「自然環境保護」である。かれらがエコロジストらと組んで環境保護運動を展開し、中国の破壊的開発に反対している。日本の水資源、森林資源そして自衛隊ならびに米軍基地の周辺をなぞの中国資本が買い占めているが、カナダ人の安全保障感覚からすれば、中国は遠い、という距離感から来る安心感なのだろうか」

そうであるならば、日本はカナダあたりの技術会社を買収するか、大株主となって出資し、合同で開発プロジェクトを組めばよいのではないのか。

中国が建設した海洋リグはガス掘削というより明らかな軍事施設である。ヘリポートも目立つが、レーダー基地としてもつかえ、また潜水艦探知も可能になる。沖縄に発着する戦闘機はすべて精密に捕捉されるし、近海に遊弋する潜水艦も無力化する。東シナ海の海洋リグは資源掘削というより、間違いなく軍事施設である。日本にとって、たいへんな軍事的脅威なのである。

第六章　中国の敗れ傘

アセアン拡大会議、「共同宣言」ならず

「アセアン拡大国防相会議」とはアセアン加盟10カ国に日米中など合計18カ国の国防大臣が結集し、地域の安全と平和を話し合うところ。

ところが今回の会議の看板をみて驚くことがあった。マレーシアで開催された会議なのに、なぜか看板は中国語がトップ。それも「中国―東亜国防部長非公式会語」となっている。２番目に英語表記があって、「CHINA - ASEAN DEFENSE MINISTER INFORMAL MEETING」とあるのだ。まるで主催者は中国である。

しかも「非公式」であるからには法的拘束力を伴わないとはいえ、共同宣言をめぐって

強く「南シナ海の危機」の文言をいれることを主張したのはベトナムとフィリピンに過ぎず、領有権を主張するマレーシアとブルネイは「中立」的態度をとった。このためインドネシア、シンガポール、ミャンマーが中立に同調し、反対したのはラオス、タイ、カンボジアだった。

すでにラオス、カンボジアに関しては中国との関係があまりにも濃密であり、国際会議では中国の代理人の役目を演じるが、この列にタイも加わったことは記憶して良い。マレーシアは経済不振におちいり、国有企業の株式を次々と中国に売却しているため、中国批判を徹底して控えた。

正式メンバーではないが、発言権のある米国は正面から南シナ海の人工島建設に強い異論を唱えたが、中国側は「これはアセアン域内の問題であり、『域外国』は関与するな」と明確に米国と対立し、責任を米国に押しつける戦術をとった。

このようにアセアン国防大臣非公式会議で中国が主導権を取り、主役として振る舞ったのも、その看板が象徴するように会議資金も中国が用意し、中国がシナリオと演出を担当し、事前に「SDR外交」を展開して、入念な準備をしていたのである。

直前に豪のダーウィン地方政府は「中国の嵐橋集団がダーウィン港を99年間租借することに合意したと発表した（多維新聞網、11月4日）。賃貸料は5億豪ドル（邦貨換算でおよそ500億円）である。

ダーウィンには豪軍基地があり、しかもダーウィン軍港は南シナ海守備を含む防衛態勢の要、しかも米海兵隊が駐屯している基地の町ではないか。

中国はAIIB（アジアインフラ投資銀行）、一帯一路（シルクロード構想）でアセアン諸国に巨大プロジェクトと融資を持ちかけるという札束外交を展開してきた。

会議直前に人民元のSDR加盟がほぼ確実になったため、これからはAIIBと通じて人民元建ての貸し付けも可能となる展望がひらけ、この経済力を背景に各国に根回ししたのだ。

アセアン国防相会議で中国を非難する共同宣言が見送られたことは、孤立してきた中国の外交上の反撃となった。アセアンの対中非難を封じ込めた中国はつぎに南アジアへも外交目標を拡大し、インド経済圏の攪乱戦術を行使する。

あまりのことに憤慨した米国は直後に南シナ海に軍艦を派遣し、人工島上空に、B52を飛行させた。

そして2016年2月、カリフォルニア州にアセアン首脳を一堂にあつめ、「米アセアン首脳会議」の開催となる。まさに中国主導のアセアン会議と米国が正面から対峙する格好となるのである。

実態は権貴階級の独裁

中国全土に拡がる鬼城（ゴーストタウン）の実態は世界にあまねく知られるようになった。

２００８年のリーマンショック直後からの財政出動と地方政府の無謀な不動産開発の拠点となった「融資平台」と、国有銀行の強気の融資によって膨らんだ中国のインフラ建設、不動産投資が、一時期は中国に未曾有の成長をもたらしたかのように報道されたが、実態は各地にゴーストタウンを造り、償還時期が来ても返済資金がなくなった。

金融緩和、利下げ、預金準備率引き下げを繰り返したが、行政の金融政策でも資金不足状態から抜け出せなかった。つぎにシャドーバンキング、理財商品の販売で庶民からカネを巻き上げ、国有企業の回転資金にまわしてきた。それでも足りなくなったため外貨準備を取り崩し、国富ファンドの保有財産を切り売りし、金備蓄を取り崩して手元不如意を埋めてきた。

それでも足りなくなって株式市場に目を付けた。庶民のカネを相場を人為的につり上げることによって高騰を演出し、個人投資家という庶民の資金を吸い上げた。

無理矢理の人工相場だったから、当然の結果としての上海株式大暴落に慌てた当局は片っ端から禁じ手を用いた。

株式市場は「売ってはいけない」という厳命のもと、有力証券21社に資金を供給し、ひたすら危ない株を買わせ、会社経営陣には持ち株を売るなと通達した。また合法的行為である「空売り」も事実上禁止し、無理矢理の官製相場を維持したが下落が繰り返される。

中国経済はいまや「改革開放」という看板を降ろし、毛沢東時代の「計画経済」に復帰しつつあるが、高度成長も終焉の時期を迎えたのである。

そこで中国経済に見切りをつけた欧米の機関投資家は一斉に売りに転じた。

なかでも世界一の投機家、ジョージ・ソロスがアリババ、百度など保有した中国株を米国市場で合計三百万株売却したことが判明した。バンカメ・メリルリンチ一社だけでも邦貨換算、７兆２０００億円（15年上半期だけで）を売却し、大半をインドの株式投資へまわしている。

共産主義というのは独裁執権党がおこなう計画経済であり、市場経済とは対立する。中国は「中国的社会主義市場経済」などと呼号したが、その開放政策とは独裁者だけが富む権貴階級のための「改革」という名の「改悪」であり、いずれ市場は破壊される。

いまの中国は「権貴階級」の独裁といって、体制を守るだけがまつりごとの中心となり、表向き「国家資本主義」を標榜しているが、中国語の新聞は上海暴落を「陸股已成殯屍市」（大陸の株式市場はいまや死屍累々）と比喩した。

上海の株式は「市場経済」の原則からはるか遠い、出鱈目なメカニズムだったために相場が崩れ、大暴落となり、ついで人民元の切り下げがつづき、究極の解決策がないという状況、そして中国の金庫番といわれた香港経済にも暗雲が立ちこめた。

人民元のハブとして香港の為替市場は機能してきた。人民元決済は香港経由で外貨に交換されるという市場特性があり、2014年の中国の貿易総額6兆6000億元のうち、6兆3000億元が香港だった。しかし2015年末から導入されるオフショア市場での人民元取引により香港の優位はなくなる。

かくして中国経済はどれだけ藻掻いても「蟻地獄」の陥穽から抜け出せない状況となった。

日本への悪影響は深刻

人民元を小手調べのように切り下げてみたが、世界の通貨市場に動揺を与えて中途半端なまま、輸出増大に直結したという現象はまだない。

切り下げた分だけ値下げせよとバイヤーに言われ、輸出企業も市場の規模を縮小させる。人件費の高騰で、中国が「世界の工場」と言われた日々は遠い昔のことになりつつある。

人民元高は原油・ガス・鉄鉱石などの原材料の輸入に有利だが、すでに生産の低迷と在庫の積み上げで、あまり意味がない。それより人民元安はインフレをまねく可能性が高い。

最も懸念されていることは外国資本のエクソダスである。すでに加速度をつけて中国から大量の資金が逃げ去った。

ついに有力企業の倒産も顕著となった。

社債のデフォルトは太陽光パネルの超日太陽能科学技術集団が嚆矢となって以来、佳兆業集団（不動産開発）などへと続いているが、社債が紙切れになるという意味は企業倒産である。

しかも後者の佳兆業集団は社債をオフショアで発行しているため外国の機関投資家の落胆ぶりは激しく、中国経済への不信が欧米に一挙に広がった。浙江省温州からはじまった企業倒産は中国全土に拡大しており、年末に償還をむかえる社債ならびに融資平台の償還、地方政府の固定資産税の急減により支払い不能状態になるのは目に見えている。国有企業は16万社あるが、最後まで生き残れ、中国共産党がメンツをかけても守る国有企業は最悪の場合、１３０社でしかないという見方もある。

すでに日本企業への悪影響は顕著にでてきたが、中国の取引先の倒産によって、連鎖倒産に追い込まれた日本企業が目立つようになった。

専門家の山口義正氏が書いた「中国バブル崩壊の足音」（『新潮45』、15年9月号）に拠ると優良会社と評価の高かった「江守グループは中国現法が不正な取引で売上高を膨らましていたことが発覚」し、倒産した。「前期末に225億円あった自己資本は、343億円の債務超過」となっていた。優良企業として調査会社がノーマークだったのに一夜にして奈落の底に沈んだのだ。

また「昭光通商も、顧客である中国の鉄鋼メーカーが支払い遅延を起こしたことで、大やけどを負った（中略）。売り掛け債権は回収困難であるとして128億円の特別損失を計上。自己資本の七割が消し飛ぶという深刻な事態に陥った」（親会社は昭和電工）。

住宅設備投資の大手LIXILは、「ドイツの子会社が過去に買収した中国企業で不正会計が行われており、410億円にものぼる特別損失となって経営がふらつく。同社の株価は2900円台から2300円台へ急落した」。

かくして上海株暴落が直接のきっかけとなって外貨が流出し始め、公式発表がないが、外貨準備が激減し、このため中国は人民元売りに規制をかけて、自由化に逆行しはじめたのである。

人民元売り規制とは為替予約を抑制させ、予約する場合は20％を「危険準備金」として預託するという、信じられない措置を講じるのだ。為替予約をするな、と言っているようなものである。

他方、株式市場への当局の介入は凄まじい。１４００銘柄の取引停止、空売りの実質的禁止措置、加えて企業ＣＥＯには自社株の売却禁止。そしておよそ70兆円を投入して、株価維持作戦、つまり売りが出たら「官」が買うという、聞いたこともない荒っぽい方法を選択して、暴落を防ぐわけだが、向こう一年くらい、株式は大幅な下落を繰り返し、ピーク５１００台だった株価の半値を軽々と破り、１６００ポイントくらいまで下がり続けるだろう。実際に２００９年に上海株式は71％下落したことがある。それを見越しているからこそ中国より欧米、そして日本で株が下がるのである。

日本株は、米国、マレーシアなどと比較すると相対的に対中輸出依存度が低い。日本企業の投資リスク分散があって、せいぜい４％程度の悪影響しかないはずなのに、中国関連株は20％前後もの下落をみている。

これは東京市場を主導するのが、もはや野村證券ではなく、ウォール街だからである。彼らは日本経済の先行きなんぞどうでもよく目先10秒先、1分先の勝負をかけて、先物予約を高く売り、欧米市場の反応を見て、また安く買うという、コンピュータによる巧妙な手法を用いているため、理論値以上の株安を、上海ではなく、東京市場が演じている。ことほど左様に中国の経済破談は、日本経済に直截な破壊力をともなっており、日本株の上昇の可能性は当面、遠のいたと見るべきであろう。

もうひとつ、米国が中国の遣り方にカチンときた事件がある。

中国は米国で雲隠れしている令完成の隠れ家を暴き、誘拐するなどして中国へ連れ帰る特殊工作のために中央紀律委、公安部、検察などからなる百名近いチームを密かに米国へ派遣し、無許可捜査をしていたと在米華字紙「博訊新聞網」が報じた内容の追跡記事だが、国務省のカーリー報道官がこの報道を否定せずに「不快感」を表明したことにより、動かぬ事実として表沙汰となった。

かつて薄熙来（元重慶特別市党書記）の右腕だった王立軍（重慶市公安局長、副市長）が、いくたの証拠書類、ヴィデオ、録音テープなどとともに四川省成都の米国領事館へ駆け込んで政治庇護を求めた事件が起きた。これによって薄熙来の犯罪、とりわけ夫人の英国人殺害事件が明るみに出て薄熙来は失脚した。それればかりか、以後の周永康一派への取り調べと失脚に繋がるのである。

今回の令完成の米国逃亡に対して、中国が異様な執念を抱きながら秘密工作を米国内で展開していたことは、冷戦時代ならともかく、米中関係の複雑な状況下において考えられないことである。

台湾は蒋介石独裁時代にヤクザのヒットマンを送り込んで在米中国人作家を殺害したことがあった。

ソ連は秘密工作員を外国へ送り込んで裏切りスパイや政敵を粛清することがあったが、中国は昔ながらの時代感覚で秘密工作を外国でも展開するという並外れた、独裁的な神経を持ち合わせていることになる。

いずれにしても令完成が持ち出した２７００件の機密は、これからの中国政界に何をもたらすか。また令完成の米国亡命が、「中国版スノーデン事件」のような性格の外交機密などを含むとすれば、裨益するのは米国となる。

かくなれば逃げ足も速いのが中国人商人の特徴だが、はたして逃げおおせるか？

「中国不動産情報センター」の調査結果に拠れば中国大手不動産企業45社のうち、75％が減益となり、25％は赤字経営に陥ったことが分かった（10月14日）。

「売れ残りの在庫処分には８年から10年を要するだろう」と不動産専門家はみている。

北京では不動産の売れ残りが新築ビルの30％を占めるとも見られ、当局は頭金の低減、各種ローンの延長など、泥縄の対策を講じているが、まったく焼け石に水。

工事中断のビルが目立ち、夜はゴーストタウン化していることは、いまや世界周知の事実である。

不動産取得税、取引税で成り立っていた地方政府は歳入が激減しており、これは中央政府の歳入激減に繋がる。「中国の財政危機は過去三十年で最悪」（張智威ドイツ銀行ストラテジスト）。

なにしろ売れ残りだけでも、NYマンハッタンのテナント総面積の六倍というのだ。

このバブル破裂を早くから感知し、ピークのときにめぼしい物件全てを売却して英国で不動産開発に乗り出したのが香港財閥第一の李嘉誠だった。李はうまく逃げ切った。

さて国内に残る富豪らはどうしたか？

大連に本社がある「万達集団」は伝説の起業家、王健林が率いる。

万達集団は不動産ビジネスで急成長したが、王健林はバブルが始まる前から、不動産部門の比重を劇的に減らし、米国の映画館チェーンを買収し、ハリウッド映画界への進出を目指して映画製作会社の買収を物色した。

また深圳でも中国最大の映画館チェーンである子会社を上場させ、さらに香港では巨大なショッピングモールを建設し、あまつさえ上海などにディズニーランドを模したアミューズメントセンターの経営に乗り出した。

中国のヤングに焦点を当てて娯楽産業への投資を増やし、つぎにスポーツ施設の建設を始めるという多彩な、新鮮なビジネス・モデルを構築してきた。

かれは中国経済の次の着地点をだれよりも早くかぎ出して強気の投資を繰り返してきたのである。

ＫＦＣは中国子会社に売却し、米国本社は撤退を決めたが、逆に店舗を増やすのはスタバなど、つまり今後の中国は中産階級以上のエリート層がまだまだ消費意欲ありと踏んでいるわけだ。

上海株暴落と人民元切り下げを契機に外国資本はほぼ一斉に中国から撤退態勢にはいり、海外華僑のあらかたは資金を引き揚げた。

げんに日本の財界は数年前から「チャイナ・プラス・ワン」を標語に中国での生産活動を縮小もしくは撤退し、アセアン、インドへ進出を加速させてきたが、逃げ遅れた企業も夥しく、上海株暴落に連動してＪＦＥ、コマツ、資生堂、伊藤忠などは株価下落に見舞われた。『フォーブス』中国版の15年度第一位はアリババのジャック・マーだろうと言われていたが、蓋を開ければ前述「万達集団」の王健林が首座を守った。

バブルの崩壊は早くから予測されていた

大量の流民が発生すると、その王朝は末期、いずれ崩壊することは過去の漢、秦、後漢、隋、唐、宋、元、明、清の興亡を描くだけでもすぐに納得がいく。小学生でもわかる歴史の鉄則である。

1949年以来の共産党王朝とて、すでに息切れ激しく、新興宗教が陰に栄え、年間18万件もの暴動が中国全土あらゆる土地で発生している。天安門事件以来なかった暴徒への軍出動も広東省で起きた。くわえて700万人を超える大学新卒の過半にまともな職が無く、若者の閉塞感と絶望の行き着く先は暴動、内乱になる。また圧政に抗議する自爆テロも激増した。

石平『暴走を始めた中国2億6000万人の現代流民』（講談社）のなかにでてくる驚愕の経済数字に注目である。

石平氏は中国の地方紙、ミニコミ誌から統計データを細かく蒐集し、経済データの盲点を鋭角的につきつめていけば、近未来の中国経済は真っ黒、先の見えない闇の中を漂っていることになると警告する。

中国語で「商品房」というのはショッピングモール、テナントだけではなく、オフィスビル、分譲住宅を含む販売不動産の総称である。２０１５年の『公式統計』で、第１四半期の「商品房」の販売面積は1億８２５４平方米だったが、「その三・五倍以上の在庫が山積みとなっている」

推計では売れ残り「商品房」は1億１０００万戸だが、公式統計は『軒数』であらわすことを避けて、一見するとわかりづらい面積で発表している。これも数字統計のからくりであろう。発狂的投資により不動産投資は「10年で１００倍となった」が、「不動産業に対する融資の総額が10年で１００倍以上になった」というのも驚きである。すなわち「１９９８年には４００億元だったものが、２００７年6月には43兆元にまで膨らんだ」

ところがこの間「10％ダウンした個人消費率」という矛盾した統計に出くわす。つまりインフレが庶民を襲い、野菜を安く買うためにチャリンコで市内を走る消費者（これを「菜奴」という）があちこちに大量に出現していたのである。

中国は外貨準備高が猛烈に増えたが、これは相対取引で人民元となって国内へ還流する。このため中央銀行は札束を増刷する。

輪転機は休み無く印刷をつづけ、人民元は大量に市場にばらまかれた。

通貨供給量は「１９７８年には８５９億４５００元だったが、それから30年経って２０

09年はというと、じつに60兆600億元で、なんと705倍」になった（ちなみに同期のGDPは92倍という計算になる）。

この本には日本のエコノミスト等が意図的に用いない数字がずらりとならんでいるが、これらを一瞥しただけでも、中国の経済発展のいびつな成長のからくり、その果てしなき絶望の近未来を掌握できるだろう。

中国を礼賛して止まない人たちは、「悪質な宣伝文書」と非難するが、真実は真実である。これらの数字を前にして、中国御用学者の出る幕はなくなった。

いやそればかりではない。中国国務院直属のシンクタンク「中国社会科学院」の報告書には次のように書かれていた。

「もう、春はこない」と。

次の「失われた二十年」は中国

2015年9月3日、北京。「抗日戦争勝利70周年　軍事パレード」は猛暑のもと、大量の兵器陳列と兵隊の示威行進などで盛り上げ、プーチン（ロシア）大統領、潘基文（国連事務総長）、朴槿恵（韓国）大統領らが参加した。ほかに南アとモンゴル、エジプト、カザフスタン大統領がめだつ程度だった。欧米日など西側の参加はなかった。外国からの国賓より、もっとも注目されたのは権力闘争の最中であるにもかかわらず江沢民元主席がよたよたと現れ、習近平の隣に並んだ光景は衝撃的だった。

また対立中の胡錦涛前主席も雛壇に登場し、病気欠席が予測された李鵬もでてきた。ほかにも江沢民の右腕だった曽慶紅が数年ぶりに公の場に姿を見せ、白髪頭の朱鎔基や、温家宝などの顔が並ぶ。この場面をＣＣＴＶは意図的に小さく扱い、プーチン、朴、潘らの風貌ばかりを映し出し、また李克強首相の影を薄くして報道した。

習近平は演説で「中国は覇を唱えず、軍を30万人削減し、永遠に拡張もしない」などと大嘘を平然と嘯いた。

もし覇権をとなえないのなら、南シナ海の軍事拠点構築をどう説明するのか、軍を削減しても人民武装警察が増えるだけの目くらまし戦術にも一切の言及が無く、しかも軍事パレードは今後、毎年続けると言いはなった。

「強い中国」の演出は習政権がスローガンとする「中国夢」の実現であり、軍事パレードを反対を押し切ってともかく挙行できたという実績を示威することで、習近平が軍を掌握したことを内外に示したかったのだ。

しかし実態はと言えば反対の様相が強い。軍を掌握したと誇張できる背景は稀薄である。

第一に「軍国主義＝中国」に西側が総スカンを示した。くわえてスリランカ、ケニアなどが欠席し、またＡＩＩＢ（アジアインフラ投資銀行）に参加を表明した57カ国のうち、30カ国の代表しか出席しなかったのは明らかに外交的に失敗といえる。

第二に「抗日戦争勝利」というスローガンのインチキが世界に知れ渡ったことだ。日本にとってこれは想定外の収獲でもあり、米国がはっきりとこのことを批判したのは逆に中国にとって想定外の失点となった。

抗日戦争を戦った主体は国民党であり、中国共産党が「勝利」をいう合法性がないと米国のニューヨークタイムズまでもが厳しく批判した。台湾でも一部政治家や老兵の参加に激しい非難の声が巻き起こった。連戦・国民党名誉主席の出席に、身内の国民党スポークスマンが批判を加え、郝柏村（元首相、参謀総長）は「参加した老兵から軍人恩給を取り上げろ」と獅子吼した。

習近平の演説では、この部分を曖昧にぼかして表現した。

第三に初公開の兵器が85％、その全てが国産と自慢する中国の武器システムだが、米国東海岸へ届くというＤＦ31、ＤＦ５のパレードが行われたが、おそらく展示用の囮ミサイルか、サンプル（中身は空砲）であり、「張り子の虎」ぶりはかわらない。北京五輪のときの口パク少女を思い出せばよい。

第四に習近平の「強い中国」の自己演出は、かえって周辺諸国に安全保障上の脅威をあたえ、これからの中国の進出プロジェクトへの不信感はますます増大すると予想されることだ。上海株式暴落、人民元切り下げ、天津大爆発など一連の不祥事が折り重なって中国のイメージ悪化が避けられないという皮肉な結果となった。

第五が米国の中国離れである。オバマ政権はこれまでの宥和策、中国への譲歩を引っ込め、歴然と中国に対決する姿勢に舵取りを変えた。これこそが最大級の習近平の失策なのである。

さて天安門の雛壇に並んだ顔ぶれを精密にチェックした結果、次のことが映像から判明した。

習近平のとなりは左手がプーチン、朴槿恵、潘基文、ナゼルバエフ（カザフスタン大統領）だが、ほかにカリモフ（ウズベキスタン）大統領もいる。エジプトのシシ大統領……その列の後方に李克強首相が影薄く立っている。ややおいて賓客席に連戦（国民党名誉主席）夫妻だ。

問題は右側である。江沢民、胡錦濤がならび、続いて張徳江、兪正声、劉雲山、王岐山、張高麗と現職の常務委員全員が出席している。そして歴代首相の朱鎔基、李鵬、温家宝。

後方に96歳の宋平がいる。宋平は周恩来の秘書役で、若き日の胡錦濤を発掘したうえ、朱鎔基を周囲の反対を押し切って首相の座につけた、珍しく清廉潔白の政治家である。さらに前政権の常務委員だった曽慶紅、賈慶林、呉官正、賀国強、李瑞環……このなかに汚職の追及が激しく、拘束説まであった曽慶紅、賀国強がいたことは意味深長である。そして習近平の母親、齋齋が壇上にいた！

香港紙『明報』（9月3日付）は、こうして全指導者を集めての軍事パレードは「習近平の軍権掌握ならびに指導者として揺るぎない地位を確保したことを意味するセレモニーとなった」と分析した。「まさに習近平時代が到来したことを明確に告げる式典だった」と。対外的には失敗だったが、国内向けには権力闘争で習近平が勝ったという中間報告の意味があるわけだ。

しかしせっかくの権力掌握も、経済の衰退、大不況入りによって習近平政権の安定度を根本的に歪める事態となっており、じつに皮肉である。

軍事改革はうまくいくのか

劉源は習近平の「軍師」。そして人民解放軍のなかにあって腐敗撲滅を推進し、巨額の汚職に邁進し、各地に豪邸を建てて美女を十数人も愛人にするなど豪華な生活をおくっていた腐敗軍人の谷俊山を最初に血祭りに上げ、ついで江沢民系の軍トップだった徐才厚と郭伯雄を失脚させる原動力となった。

劉源は軍では「総後勤部政治委員」だが、凄まじいまでの綱紀粛正をすすめたため上海系軍人から恨まれ、宿泊したホテルが放火され、自動車事故（運転手は死亡）などの暗殺未遂に数回も遭遇したほどだった。

習近平には適宜適切な、数々の助言をなし、習がもっとも頼りにした「兄貴分」だった。したがって近く発表される軍改革で、劉源は「軍事委員会中央紀律委員会」の書記となり、さらなる汚職撲滅を進め、軍の近代化の旗頭になるだろうとチャイナウォッチャーの多くが見ていた。

その劉源が潔く、次のポストも見返り条件もなく退役する（これを「裸退」という）というのだから、中南海の共産党上層部が慌てたのも無理はない。

15年12月31日、国防部スポークスマンは会見で、劉源の勇退を発表し、理由は「65歳定年の規定によるもの」とした。つまり習近平は劉源という右腕を守れなかったのだ。

さて、これにより、軍改革は挫折するか、より迅速に進むか？

或いは、劉源の退任は上海派からあがっていた不満のガス抜きなのか、様々な憶測が乱れ飛んでいるが、なぜ大晦日という日を選んで、劉源「裸退」のニュースを流したかに、その謎が潜んでいるようである。

すなわち習近平が9月3日の軍事パレードで宣言したように「軍の近代化」「30万削減」という大目標は、従来の「七軍区」を四、ないし五の「戦区」に改変し、さらに総政治部、総参謀部、総装備部、総後勤部の「四総部体制」を撤廃し、西側の軍にあるように「統合幕僚本部」を設置して、全軍一致、命令系統の統一、地方軍閥の希釈化をはかる壮大な「軍再編」がやりやすくなったという見方もできないことはない。

げんに現在「中央軍事委員会」の呉勝利は70歳、馬暁天は66歳であり、劉源の65歳定年退役の例に倣えば、退役せざるを得なくなるだろう。

軍事委員会には胡錦濤が指名した軍人が大半を占めるとはいえ、「太子党」の張又峡、張陽らがおり、副主任の許基亮より政治勢力としては大きい。

おりしも劉源退任発表の前日(12月30日)、軍隊内で「反日派」の頭目とされる劉亜州(国防大学政治委員。陸軍大将)が内部資料に論文を書いて「この軍改革は『革命』であり、譚嗣同の精神を継承してやり遂げなければならない」と主張していることがわかった。

かれのいう「譚嗣同精神」とは洋務派が流血なく改革をやり遂げようとした方法論を指すものと解釈され、「この軍改革をやり遂げなければ軍は死ぬ」としている点に特徴がある（「軍改之一場革命」）。この劉亜州もまた『太子党』で岳父は李先念（元国家主席）。父親は蘭州軍区後勤部副政治委員だった劉建徳。武侠小説をかく変わり者でもある。

汚職は中国数千年の伝統

「打老虎、下餃子」が政敵を失脚させる戦術モデルであり、習近平は次の標的を絞り込み、摘発、失脚させる前に必ず「側近」を拘束し、落馬させている。

たとえば2015年11月6日に、中国共産党中央規律委員会は寧夏回族自治区の副主席だった白雲山を「重大な規律違反」として取り調べ中であると発表した。

翌週には北京に反腐敗による失脚が発表され、ついに首都圏に及んだかと関係者にとっては衝撃を運んだ。これを「北京官界地震」と中国語新聞は伝えている。すなわち北京市党委員会副書記の呂錫文（女性）が重大な規律違反という名目で拘束された。北京のナンバーツーである。同日、上海副市長の艾《ガイ》宝俊が、同じ理由で落馬した。

北京市書記は金郭龍、上海市書記は韓正。つまり団派と上海派である。習近平と王岐山の狙いはもはや言うまでもない、北京と上海のトップを最終的にはねらい撃ちしていることであり、重大な規律違反などとってつけたような理由は、権力闘争の宣伝道具でしかない。周到に慎重に、団派と上海派を締め上げ、中国を代表する両都市のトップも、習近平お気に入りの人物と交替させるのが目的である。中国の政治通は「このやり方は朱元璋に似ている」と分析する。

同年8月12日に起きた「天津大爆発」にしても、雑魚をつかまえてはみたが、前天津書記だった張高麗はそのまま、天津書記代理の黄興国への責任追及はなにもなされないまま、爆発原因も情報公開がない。

中国の政治にとって権力のトップは政治局常務委員会だが、地方政府の自治は土地使用の許認可権をもち、さらに上限はあるにせよ、省をまたがない企業の進出認可、経営監督、工場の設置許可なども地方政府が持つ。

経済繁栄を象徴する富は北京、上海、天津、広州に集中しており、ひとりあたりのGDPランクで言えば広州、上海、天津、北京となる。これらの党委員会トップは、派閥のバランスによって配分されてきた。

広東の書記は団派のライジングスター胡春華である。習近平は掌握する宣伝機関などをつかって、さかんに胡春華のスキャンダルを追及させている。

北京と上海は伝統的に中国を代表する都市であり、この両市トップが政敵、ライバルが牛耳ることに習近平は焦りを感じていることは明白であり、まずは側近たちを拘束し、じわり真の政敵を葬ろうとしているようである。これが「打老虎、下餃子」戦術の典型というわけだ。

そして習近平の黄金の片腕として反腐敗キャンペーンの先頭にたつのが王岐山である。政治局常務委員でありながら、つねに王岐山は雲隠れし、ときに「神出鬼没」。次の標的は金融界の大物だろうと推測されていたが、なんと拘束、取り調べの標的は証券取引の監査をおこなう責任者の姚剛だった。

姚剛は証券監査委員会主任という立場を利用して、上場審査の権利を巧みに利用し、とりわけA株のＩＰＯ（新規株式公開）を操作し、巨額の賄賂を受け取っていた。北方集団（北京大学関連のベンチャー企業）の怪しげなインサイダー取引の黒幕は李友だったが、彼らと連んで株価操作、怪しげな会社の上場認可などを行い、以前から黒い噂はあった。

手口はＩＰＯ許可のインサイダー情報を太子党や側近に教え、あらかじめ当該株式を大量に購入し、売り抜けるもので、子弟や親戚名義で大量の株式を事前に買い集め、数千億元の不当な利益を得ていた容疑、部下のなかには公文書偽造、印鑑偽造などに手を染めた豪傑もいた（東方新報、11月26日）。

また王岐山の雲隠れは全国を潜行行脚し、地方当局が手を付けられない市政府、県役場などに乗り込み、マフィアとつるんだ共産党幹部等を逮捕してきたが、なかには白雪山（寧夏政府主席）の大物が含まれた。

第十八回党大会以後だけでも摘発は31の省にまたがり、59名の幹部が拘束され、失脚した。山西省7名、内蒙古4、江西省4、黒竜江省3、四川省3、雲南省3、河北省3、江蘇省3、広東省2、広西、湖南、海南、福建省、湖北各2などと全土的な汚職の広がりには唖然とするばかりである。

人災も党幹部の汚職が原因である。

2015年12月20日午前11時42分、こんどは広東省深圳郊外の工業団地（光明地区紅坳村柳渓工業団地）で大規模な地滑りがおこり、ガス管が爆発、またたくまに付近は泥に埋まり、33棟の高層ビルが倒壊し、百名近くが行方不明となった。

現場は泥沼、湿地帯にパイルを打ち込んだだけの杜撰な地盤改良をなし、そのうえに高層ビルを建てていた。被災面積は10万平方キロにもおよび、東京ドーム2個分が泥に沈没、現地紙は、これは「山体滑波」と表現した。日本語なら「山津波」であろう。

深圳は香港に隣接する新興都市で、人口は一千万人を超える。新幹線が乗り入れ、地下鉄も走る。街は高層ビル、急造したマンション、工場がひしめく大都会。印象としては急遽バラックを継ぎ足した映画のロケ現場のようで、全国から無数のギャングも入り込み治安は乱れている。日本人相手のぼったくりバアも多く、土地の速成、でたらめな工事による造成団地の土地が柔らかく液状化現象や道路陥没などが頻繁に報告されてきた。

日本企業も数百社進出しており、居住者も多い。香港よりマンションが安いので、ここにマンションを買って香港に通う労働者もあるが、他方で日本人などは単身赴任、家族は香港で日本人学校に通わせる組も目立つ。

ところで事故現場には「西気東輸計画」のガス・パイプラインが通っている。これは「中国石油天然気」（ペトロチャイナ）の推進した国家プロジェクトだ。しかもこのパイプラインは途中の新疆ウィグル自治区などで過去に何回も爆発事故を起こしている曰く付き。壮大な汚職も取りざたされてきた。ネットの書き込みなどではパイプラインの爆発が大崩落を招いたのではないかとする意見も散見されたが、中国石油天然気は「爆発原因説」を否定し、「土砂崩れが爆発を引き起こした」とした。

爆発した「西気東輸のガスパイプライン」は元国家発展改革委員会副主任、元国家エネルギー局局長の劉鉄男が責任者で、巨大な利権を漁り、24億元をちょろまかしたが、反腐敗キャンペーンによって摘発され14年12月の一審で「無期懲役」の判決が出ていた。

ことほど左様に中国はあらゆる分野で末期的現象となっている。

第七章　ロシアの再浮上

露土戦争が本格化した場合、ロシアは核兵器使用を検討

シリア空爆作戦でトルコ上空を侵犯したロシア戦闘機をトルコが撃墜した。この事件は衝撃をもたらしたが、以後、トルコとロシア関係が際立って険悪化した。おたがいに非難合戦をエスカレートさせ、ともにいくばくかの経済制裁に踏み切った。

経済的にみると、密かに喝采を挙げているのは中欧と南欧諸国ではないか。ＥＵ主要国のウクライナ問題をめぐるロシア制裁で、中欧向けのプロジェクトだった「サザン・ストリーム」をキャンセルしたロシアは急遽、ガス輸送のパイプライン敷設をトルコルートに踏み切る決定をしたばかりだった。

それさえロシアとトルコの対立で台無しになりそうなのだから。ロシアのメディアはさかんにエルドアン（トルコ大統領）を非難・攻撃し、これまで良好だった露土関係に鮮明な亀裂が入った。

もし、現在の対決状況から本格的な「露土戦争」となった場合のシナリオを提示し、その場合、西側がトルコに味方する前に、すなわちＮＡＴＯの一員であるトルコは「ＮＡＴＯ条約第五条」により、防衛協力を得られるのだから、「緒戦とＮＡＴＯの組織化動員にもたついている間に、ロシアはただちに核攻撃し、トルコの軍事インフラ、工業地帯を壊滅させる方法をとるべきだ」などとする物騒な強硬論がロシアの専門家によって語られている。

こういう凶暴な軍事作戦を提唱するのは軍事政治研究センターのミハイル・アレキサンドロフである。彼はこう続ける。

「トルコ軍は強い。通常の戦闘となるとアフガニスタンでロシアはカンダハルを落とせず撤退したように、苦戦を強いられるうえ、ＮＡＴＯがもし団結すれば、もっと苦境に立たされる上、現時点ではロシアにとって軍事的に有利なシリアの空軍基地もトルコには近すぎて使えない」（英語版プラウダ、12月2日）。

黒海やカスピ海、あるいは地中海の潜水艦からのミサイル発射によって、戦局を有利に運べても戦争となれば、長い泥沼に入ることは目に見えている。

日本は対岸の火災視しているが、ロシアの軍事筋では、こうしたシナリオ論議まで飛び出しているのである。


ロシアがシリア空爆に参加し、積極的な軍事作戦を展開し始めてから中東を舞台にグレートゲームの主役のひとりとして復活したことは述べた。

中東の地政学的地図は、このロシア要素にトルコの鵺的な行動を加えて、がらりと変貌を遂げつつある。

主因は米国の対シリア作戦での優柔不断、これによるイスラエルとサウジの離反、そしてロシアの政治力に期待するイランの政治力量の飛躍的な拡大、トルコの百鬼夜行である。しかも米国はひょっとしてサウジを見限り、イランと戦略的関係を構築するかも知れないという可能性が浮かんできた。

2015年11月1日におこなわれたトルコのやり直し総選挙は、慮外なことにエルドアン与党の勝利となり単独過半数を確保した。これでエルドアン大統領は相当、強引な外交戦略を行使しうる立場を得た。これからはトルコの政治力にも注目である。

中東の地政学的な地図の変容は次のようである。

第一にシリアのアサド政権はロシアの軍事支援によって明らかにパワーが反転し、予見しうる限りの近未来において、体制転覆の可能性が遠のいた。

ＩＳ空爆を口実にしたロシアの救援と反アサド政権側の分裂、ＩＳの壊乱、そしてイランが兵員を増派してアサド体制の防衛に走る。周辺国はアサド体制の延命にそなえるようになった。

第二にはシリア内戦から派生したＩＳがロシア参戦により石油密輸ビジネスを削減され、シリアのいくつかの拠点を失い、窮地に追い込まれたことである。

ロシア参戦以後、ＩＳは劣勢となって、シリア国内に於ける戦線を維持するかどうか。またトルコに近い地域にいる東トルキスタン系はＩＳを離れて、アフガニスタン経由で新疆ウィグル自治区にもどる可能性がでた。中国は慌てて「反テロ法」を突如成立させた。

当面、ＩＳはクルドと対決をつづけながらもイラク北方の油田を死にものぐるいで確保し、その密輸で軍資金を維持するであろう。ロシア爆撃以後は、国外への密輸が難しくなり、ＩＳの石油は小量がトルコへ搬入されているが、大半はシリアならびにイラク国内で消費されている。ＩＳの軍資金は月額80億ドル以上と推定されている。

第三はサウジアラビアが米国に対して抱く疑惑が決定的となって、その反動でサウジはロシアに寄った。これはアメリカの誤算の最たるものである。したがってもし、ロシアとサウジが原油減産で「密約」を結べば、原油価格は高騰する可能性が高まる。

第四はイスラエルがオバマ政権をまったく信用せず、かといってイランへ独自の軍事作戦をとる可能性も稀薄となった。つまり世界はイランの核武装という悪夢に備えなければならなくなり、イランが核を保有すれば、サウジはパキスタンで代理開発させた核兵器を回収するだろう。カタール、UAE、オマーンという国々はサウジの核の傘に入る。

第五にイラクは政府軍兵士がまったく当てにならず、いずれクルドの独立を認めざるを得なくなるか、バグダッド政権強化のためにイラン政府に懇請して、シーア派兵士を拡充して貰うか、選択肢は狭まった。

第六にトルコの百鬼夜行である。

難民問題で苦況に陥ったものの、エルドアンは苦境を跳ね返して、難民の半分以上を欧州へおしつけ、ISへの兵器と資金の兵站路をふさぐと見せかけながら、なおIS兵站ルートを黙認している。

ロシア軍機がこのトルコが保護する勢力の拠点へも空爆したので「領空侵犯」を理由に撃墜するという挙にでたトルコの行為に立腹したロシアは経済制裁に踏み切ったが、トルコも制裁を追加して報復、しばし両国の対立は続きそうだ。

エルドアンは「オスマントルコの再来」を夢見るため、イスラム回帰し、周辺国との政治力行使ではエジプトと主導権争いを演じる。なにしろサイクス・ピコ協定以前まで、中東一帯からバルカン半島の半分はオスマントルコ帝国の領土だったのだから。

２０１５年11月にトルコのアンタルヤでＧ20が開催され、中国から習近平も出席した。直前に、パリでおきた大規模なテロ事件報道に隠れたが、Ｇ20にはオバマ、メルケル、安倍晋三、習近平、モディら主要20カ国の元首、首相が並んだ。

ＩＭＦ理事会が人民元のＳＤＲ入りを原則承認したことで、にこにこ顔の習近平、ここでトルコから手痛いブローを受けた。トルコは中国から対空防衛ミサイル・システム（総額34億ドル）の入札に成功していたが、トルコはＮＡＴＯの一員でもあり、ＮＡＴＯ関係国が強い懸念を示してきた。トルコ政府は、この中国システムの導入を中止すると発表し、まさに習近平の顔に泥を塗るかたちとなった。

第七は日本からみると戦略的価値の薄いイエーメンの動きである。

イエーメンはサウジの保護領と見られていたが、人口はおなじくらいあり、アラビア人としては勤勉であり、現在はサウジ、カタールなどの応援を得たイラン系武装勢力と戦闘を繰り返している。このイエーメンは原油ルートの重要な地政学的ポイントをしめており、サウジはイランの浸透をもっとも警戒している。

第八はホルムズ海峡を扼する突端がオマーンの飛び地であり、イランを脅威視する一方でテヘランとの対話チャンネルも維持してきた。

第九は、それならば米国はどうするか、いやどうなるか。

相対的にロシア、イラン、サウジの比重が増すというリバランスのなかで、米国の出番は今後も多いだろうが、影響力が限定的になる。イスラエルとパレスチナの戦闘状態は、以後の中東地図では二義的になった。

第十に忘れてはならないのが、中東に並々ならぬ関心と野望をひめる中国の出方だが、アラブ諸国は基本的に無神論を信じていないので、影響力は武器輸出というカード以外、限定的となるだろう。

この劣勢を補完するために、中国はよりイランとの関係を強め、中ロ同盟の強化を図ろうとする。げんに２０１６年1月22日、習近平はイランを訪問し、新幹線建設など破天荒な経済プロジェクトを約束した。

シリアが格好の餌食となった

シリア内戦に本格的に参加したロシア軍の軍事行動によって中東の地政学の地殻変動を検証しているが、こんどは「ロシア要素」に的を絞って事態の背景を探ってみよう。

第一にイランの影響力が中東全域に限ってみると、後退しつつあること、サウジアラビア、アブダビなどの湾岸諸国とロシアが密接な連絡をとり、或る方面では連携する場面もある。イランが影響力を弱めたという意味はヒズボラなどイスラム過激派がアサド支援にむかっていたために発言力が強かったが、ロシア参入により、相対的に影響力が弱体化したからである。

第二に湾岸諸国がロシアの顔色をうかがい始めたことだ。

ソチにサウジアラビア国防相とアブダビ皇太子が飛んで静養中のプーチンと協議したことはニュースに流れたが、いったい何が話し合われたかは明らかにされていない。『プラウダ』などの分析によれば、「湾岸諸国は地域でのイランとシリアの影響力増大を望んでいない。それゆえロシアが反政府勢力を空爆することには理解できないが、ロシアはあくまでもＩＳを空爆して、テロリストの殲滅に力を注いでいるとするプーチンの説明を受けた」のだという。

これまでは基本的に地域内の主導権争いであり、サウジアラビアvsイランという対立構造のなかでのスンニ派vsシーア派だった。シーア派に近いシリア政府をイランは支援し、サウジ、湾岸諸国は反政府勢力にテコ入れしていた。ここにISという予期せぬ要素が突出し、事態はいきなり複雑に輻輳しはじめた。

第三に米国はアサド政権打倒のために反政府勢力に軍事訓練を施し、武器を空中から投下したりして勢力の挽回に懸命だが、他方で「ロシア参戦によってイランの影響力を削いでいる」(『ナショナル・インタレスト』の分析)とする見方がでている。

これらに共通するのは「地域内にいかなる『国家』を認めず、また国家を目ざす組織を認めがたい」とするもので、クルド独立への理解は稀薄である。トルコはこの事態に便乗し、クルド武装勢力の拠点空爆に力点をそそぐ。

こうして従来の黙契だった「現状維持」という共通項が失われ、ウクライナ問題で欧米と対峙しているロシアが参戦してきたことで未来が不透明になったのだ。

中国は冷戦時代のメンタリティを米ロ両国が復活させているのではないかという疑問点に立脚しており、「米国はシリア問題に便乗し、外交的ならびに軍事的に得点をあげ、主導権を確保する狙いがある。ロシアも米ソ冷戦時代のようにスーパーパワーの代理戦争を行っているかのごとくである」とする。

しかし戦争の行方によっては、地域内の覇権を求めず、一方的な利益を主張する国、あるいは組織の跳梁を認めず、現状を破壊して第三次世界大戦に繋がる可能性がありはしないのかと、たとえば『人民日報』もそうした方向から分析しはじめた。

原型はスペイン内戦である。

１９３０年代のスペイン内戦は、フランコを支持するナチスとロシアとの代理戦争に、多くの義勇兵が反フランコ側に駆けつけた。なかにはヘミングウェイ、マルロォの姿もあったように、シリア内戦ではシリア防衛にイランとロシア、反政府側に欧米と湾岸諸国という構造であり、この隙に世界中からイスラム義勇兵がＩＳに駆けつける。こうした文脈では、スペイン内戦がその後、世界的規模の戦争に発展してしまったように危機を内包しているというわけである。

日本は遠い中東の出来事を対岸の火事視しながらも、イランとは経済的結び付きを復活させようと投資の再開に懸命となっている。しかし日本にとって原油の最大の輸入国はサウジアラビアであり、この点、両天秤にかけることが不得手な日本外交は正念場を迎えることになるだろう。

トルコの『ヒュリエット・ディリー』（15年10月15日）に拠ればヒズボラなど既存の戦闘集団にくわえて、イランからシリア支援に向かう戦闘員およそ数百がロシアの制空権確保という新状況下に、シリアの空港に到着し始めた。大挙しての戦闘部隊の移動は初めてである。

シリアの反政府軍スポークスマンによれば、ヒズボラなど地上軍の存在は珍しいことではないが、ロシアの参戦以降、イランからつぎつぎと戦闘員が空路シリア入りし、アレッポなどの戦闘現場へ移動していることはこれまでに無かった。

なぜこのタイミングでロシアが本格介入したかについてはウクライナ問題から目を逸らせる目的だとか、中東で主導権を握るためとか、様々な解釈があるが『ワシントン・タイムズ』は直截に、［IT IS OIL, STUPID］（いろいろと憶測はあるが、ずばり石油さ）と論じた。

ロシアの石油戦略は、原油値上げによる景気回復である。だからプーチンの戦略は石油に立脚しているとの指摘である。

ロシアはイランのガスパイプラインがシリアを経由しているルートの安全を確保し、さらにトルコ経由のガスパイプラインの欧州向け拠点つくりを本格化させる。ロシア空軍が空爆している地域にはガスパイプラインの予定ルートもある。

欧米はロシアの軍事力を甘くみていた。

米国のハイテク兵器はどの国も、もはや追いつけないと考えられてきた。米軍の油断もあった。

冷戦終結後、ソ連が崩壊し15の共和国に分裂して、その大混乱に乗じて旧東欧の殆どがNATO、EU入りし、ロシアは孤立した。経済的困窮のなか、ロシアは軍事力の再建どころではなかった。

ところが2015年9月30日から開始されたロシア空軍のシリア反体制派への空爆は、米国の専門家が驚愕・瞠目し、ロシアの軍事力の評価替えを行う結果となった。

第一にスホイ34戦闘機の初登場と、その正確精密な打撃能力、しかも爆撃後、無人機ドローンをとばして、戦果の確認を行っていた。シリアのラトキア基地にはいつの間にかロシア海兵隊700名が上陸していた（もともと同港にはロシア軍が駐留している）。

第二に巡航ミサイルの威力である。

黒海にロシア艦隊は2隻の軍艦を遊弋させているが、これはNATO海軍の監視下にある。ところが1500キロをこえて、カスピ海から巡航ミサイルが打ち上げられ、シリアの攻撃対象を正確に撃った。これは米軍の巡航ミサイルに勝るとも劣らないと軍事専門家らの一致した見方である。

第三にそのロジスティック（兵站）の充実ぶりだ。

ロシアは戦闘の長期化にそなえ、野外キッチンのほか、ダンサー、シンガーも引き連れてきており、兵士のエンターテインメントを用意している。この点で米国は艦船の長期作戦や潜水艦の乗組員の25％が女性兵士となり、帰航すると多くの女性兵士は妊娠しているという。米海軍の士気の低下、モラルの乱れは統率が取れないレベルに墜ちている。

クリミア戦争は隠密の軍事作戦だった。ウクライナ東部の戦闘はウクライナ政府軍とはマフィアと傭兵、そして東側の戦闘員はロシアの傭兵だった。２００８年のグルジア戦争では南オセチアにロシア軍が配備されたが、戦闘結果は芳しくなく、欧米軍事筋はロシア軍はたいしたことはない、と高をくくっていた。

シリアにおけるロシア軍の急速な展開、その急襲ぶりとハイテク兵器の性能を西側は目の前に目撃することとなり、はからずもロシア軍の復活ぶりを深刻に認識せざるをえなくなった。

結局、欧米の劣勢への転換はオバマの不決断に原因が行き着くのである。

オバマ政権の優柔不断、決断ののろさと政策の間違いの連続により、シリア情勢が混沌とし大量の難民を抱え込む欧州も対米不満が高まった。欧米はシリア問題の解決でロシアと共同歩調をとらざるをえないのではないか、と全米週刊誌トップの『ＴＩＭＥ』（10月26日号）が分析した。

第一にプーチンは原油価格暴落の影響でロシア経済がマイナス２・２％に落ち込み、国防費捻出をどうするか、議会から強く迫られる筈だった。シリア爆撃で、この議会の動きはぴたりと止まり、プーチンの経済失策への責任は問われていない。

第二にアフガニスタンへの軍事介入の敗北以来、じつに35年ぶりにロシアは軍事行動にでたが、プーチンの人気は下がらず、ロシア政局が奇妙にも安定した。

第三にシリアからの大量の難民がＥＵ諸国を脅かしたため、むしろロシア介入への期待が欧州でも高まった。

第四に国連に十年ぶりに出現したプーチンは「ＩＳを征討するためにロシアは西側と協力する用意があり、ロシアを含めた国連軍もしくは多国籍軍の結成で対応を」（プランＡ）を呼びかけた。欧米諸国は、この対応を迫られるかたちとなった。

第五にプーチンは同時にプランＢを提示し、「ロシアと協力しなければＩＳを征討できないという確信を西側に抱かせる」ために、ロシアは軍事行動にでた。

第六にロシアは9月30日からのＩＳ空爆直前に、ウクライナ東部に展開していた武装勢力の撤退を開始した。しかしロシア国内でのプーチン支持率は変わらなかった。

第七にシリア問題の解決にはロシアと米国は組まざるを得ず、米国はウクライナ問題での対ロ制裁解除を迫られることを意味するが、オバマはこの稿の執筆時点（16年2月）でまだその方向にない。

第八に、そうはいうものの最終的にオバマ政権はプーチンとの妥協を模索し、目の前のシリア問題解決に乗り出すことになるだろう。つまりプーチンのシリアへの賭けは、オバマの敗北に終わりそうであると『ＴＩＭＥ』が分析したのである。

そしてプーチンは

ロシアはいままでは４０００名に膨《ふくら》んだと推定される軍隊をシリアに派遣し、空爆を展開し、アレッポ奪回へ動いた。

西側記者団をロシア軍基地に招待した映像をみたが、長期戦にそなえるため兵舎、娯楽施設に図書室なども持ち込んでいる。すでにロシア側の発表によれば、アレッポの五つの街を奪回したうえ、トルコからの兵站ルートを絶った。

15年10月20日にシリアのアサド大統領が突如モスクワを訪問し、具体策をプーチン大統領との間で協議したが、ロシアは長期戦に構える姿勢を見せた。

他方、ロシアのプロパガンダは色彩が変わった。

第一に「カタール、サウジアラビア、そしてトルコがシリアに本格介入すれば、第三次世界大戦へ繋がる」という警告をはじめた。

サウジとカタールは当初、ISへテコ入れしてきたが、直近では反政府武装組織へ武器を供給し、またトルコはその兵站ルートを確保する補助的な作戦を展開してきたとされる。ロシアは、これを牽制しているのである。

第二にシリアを守護する論理として、「シリアはキリスト圏であり、もし、シリアが破綻すれば中東のキリスト教の橋頭堡である場所がイスラム過激派に侵されてしまう」という論法を用い始めたことである。

政治学者の藤井厳喜氏は近作『紛争輸出国　アメリカの大罪』（祥伝社新書）のなかで次の指摘をしている。

アメリカは先端技術と第一次産業の農業でもっている国であり、そのいびつな産業構造と多民族国家の共通の利益追求が政治の根底になるが、外交となると素人のごとし。

すると、「隠れた輸出品」は何かと謂えば、「紛争」である。そうだ、アメリカは「紛争輸出国」でもあるのだ。

アメリカ外交の特質とは、

（1）真の敵と味方を見誤る

（2）自らの誤った判断で自らの強敵をつくりあげてしまう

まさにルーズベルトは「本当」の敵であるソ連に味方して膨大な援助を与え、中国共産党を助け、究極的にはロシアもシナも失った。真の友人である日本に戦争をしかけるという世紀の愚を犯した。

ニクソンは「中国を超大国にしてしまった」。「中国は面従腹背でアメリカの力を利用して、ついにそのライバルにまでなりおおせた」（中略）アメリカは「ようやくこのことに覚醒し始めた」のだが、もう遅いって。

要するに「アメリカの覚醒はつねに遅すぎる」と藤井氏は総括する。

キッシンジャーの負け惜しみは「中国人は戦略的思考に長けている」と寝言をのべているが、藤井教授は「詐欺師に騙された人間が『あのペテン師はじつに嘘が旨かった』と告白しているに等しい」のである。

東欧の民主化はおおいにアメリカおよび西側が支援したがグルジア、ウクライナとなると、アメリカのエージェントが紛れ込み、作戦指導をしていたうえ広報のノウハウを徹底的に教え込んだ。アメリカが仕掛けたフシが濃厚である。

ならばアラブはどうかといえば、「アラブの春」の背後にアメリカの陰謀は稀薄であると藤井氏は続ける。

「アメリカの国益を考えれば、エジプトやチュニジアのような独裁政権であっても親米で安定した政権が続いた方が好ましいのだが、彼らの思考はそれとは逆だ。要は民主化原理主義なのだ」。この藤井氏の「民主化原理主義」というのは「投票箱民主主義」と同質の表現である。

だが「議会や選挙、それに言論の自由といった仕組みが整っていない中東諸国に民主化革命を起こしても、無秩序に陥るか、多数派であるイスラム原理主義に政権を奪われ、反米国家に転じてしまう」。だから「アラブの春は民主化という名の混乱」だけを当該地域にもたらし、「社会が無秩序になるだけで、次の独裁者を生むしかない」のである。

中ロ蜜月、いずれは雲散霧消――ロシア旅行で感じたこと

ならばロシアはいま、どうなっているか。

現場に行ってこの目でみなければならないと、15年7月と9月にわけてロシア各地を歩

いてみた。

筆者が学生の頃まで「ハバロフスク小唄」という炭鉱節に似た、軍歌調の歌が年配者によって酒場で歌われた。

ソ連抑留帰りが流行らせたらしい。しかし、いまやロシア極東のハバロフスクは綺麗な観光地、それも「坂と教会の街」とガイドブックに謳われるほどにキリスト教東方正教会の新築教会が林立し、信仰心篤い街に変貌している。

どうしてこれほど迅速に教会が増えたのか、ロシア人の信仰心がそれほど篤いものだったことは驚きである。

かつてソ連時代、倉庫などに転用されていた跡に教会の新築ブームが起こったのだ。ぴかぴかの外観、なかへはいるとイコンも金ぴか、要するに過去十年の間に次々と寄付を集めて建てられた。ミサにも意外に人出があり、十字を左からきって出入りする。売店には聖書よりイコン、マリア像が多く売られていて、外国人異教徒の観光客でも買い求めることが出来る。イコンは安くても千円、高いのは数万円もする。

意外な発見の第一はこのことだった。宗教が復権しているという現実！　そして教会の外へでると乞食がいる。

日本人抑留者が建築したというアムールホテルに旅装を解いたのは夜になった。外は肌寒く、雨が降ってきたため部屋で夜食。ホテルは天井が高く、インテリアを改装した所為か照明は明るく、モダンな感じをうけるがエレベータの狭いのには閉口した。宿泊客はロシア人についで日本人が多い。

翌朝、まっさきに行ったのはアムール河。ここには大きなコンクリートのオブジェで革命戦争、ノモンハン、第二次世界大戦の犠牲となった人々の名前を彫った慰霊碑がスタジアムのような場所に飾られて大理石の石碑に逐一彫り込まれ「永遠の火」が燃えている。

政府系のビルの看板には「ＫＡＲＡＴＥ」とあるので、ガイドに訊くと極真空手の国際大会が間もなく開催されるという。ロシアで日本の武道が盛んなのはプーチンの柔道好きからかも知れない。

一方で日本軍をやっつけるロシア兵の彫刻が記念塔に飾られていて何かちぐはぐである。

「あのときは大変な騒ぎで一週間ほど水道が使えませんでした」と女性ガイドが慨嘆したのは洪水のことではなく、対岸中国の黒竜江省松江で数年前に発生した化学工場の爆発事故でベンゼンがアムール河に流れ出し、ハバロフスクを直撃したときの災禍を指す。

「中国は空輸で石灰を送り、ミネラルウォーターも数十万本届けられたのですが、環境汚染はあのときから酷くなった」

展望台からみた対岸はウスリー河とアムールが合流する地点で、中州も宏大、水は濁っている。のんびり魚釣りをする人もいる。川霧の朝にも、犬を連れた散歩組、マラソンの練習組などで賑やかである。

川岸の森に聳える高層ビルはインツーリストホテルで、さすがにここは日本人観光客が多い。トイレを借りるため立ち寄ると、ロビィの土産店がコンビニとなっていた。

筆者は四半世紀まえにもハバロフスクへ来て、このホテルに泊まった。物資は乏しく、街を歩いていると「ヴィタミン剤を持っていないか」と声をかけられた。「いい女いるヨ」と日本語でも言われて失笑した。地下にも客室フロアにもバアがあって化粧の濃い、太った中年女が屯していた。いまやそういう光景もない。

街のあちこちで偽のキャビアも売っていたが当時は国外持ち出し禁止だった。いまでこそ持ち出しは自由だが、本物を入手するのは困難である。キャビアは払底しており、１０0グラム四万円とか、目が飛び出るほど高くなった。だから15年10月にも霊柩車の柩に大量のキャビアを隠して運送途中の密輸団がハバロフスク近郊で摘発された。

中央市場で驚いたのは中国人経営の店舗が増え、中国語が飛び交っていたことだった。レーニン広場では鳩が悠然と餌をつつき、乳母車の母子がのんびり会話している。長閑な光景である。広場の周りにはアイスクリーム屋、そこに中国からの観光客が群がっていた。

市内には日本領事館もあるが、駐在日本人は僅か25名、当時あった札幌というレストランは閉店していた。

近郊のダーチャに案内して貰って一般家庭でボルシチスープ、サラダの食事、庭の菜園は広く、キュウリ、ビート、葡萄などを栽培している。イチゴも旨く、食材は予想より豊かである。こぎれいな奥さんは孫ができたばかりと写真を見せてくれた。孫をかわいがる風景は世界共通である。

街を疾駆しているクルマは殆どが日本の新車、それも圧倒的にトヨタで、昔のような中古車は一日に三台ほどしか見かけない。往時は「北方領土を返せ」という右翼の街宣車の中古も街を走っていたのに。

夕方、市内でも珍しいグルジア料理を食べに行ったが満員で別館に案内された。給仕は皆が美人のロシア女性で、ビールはアサヒもあった。ガイド、運転手をまじえて話が弾んだ。

夜行列車で早朝、ウラジオストック駅に着いた。

この街は六年ぶりである。駅前の風景は何も変わらない。乗降客が多く、ここで数組の日本人ツアーと行きあった。百数十名だろうか、急に日本語が懐かしく思えた。中国人の団体も目立つが韓国人が少ない印象だ。

ウラジオストックはプーチン大統領が呼びかけた極東開発の大号令によって２０１２年にＡＰＥＣが誘致された。

そのプロジェクトにより建設ブームが起こって対岸のルースキー島の原始林が伐採され、大規模に開発された。

長い吊り橋が二本架けられ、トンネルも掘られ、両側岸には欧米系の有名ホテルが軒を競うようになっていた。六年前は工事中で、架橋の建設も終わっておらず島へはフェリーで渡ったことを思い出した。プーチン大統領は督促のため、何回もウラジオストックを訪問し、工事関係者に発破をかけたものだった。

展望台に登ると、対岸の波止場に大型客船が見えた。

「あれは日本の鳥取県と結んでいます」とガイドが説明する。

「境港まで仁川経由なので二日がかりですがロシア人のツアーは、この船旅を愉しむ人も多いです」という。サウナ、森林浴の好きなロシア人ならきっと境港から近い三朝温泉へ行くのだろう。

２０１５年９月４日にもプーチン大統領がウラジオストックを再訪した。これはロシア政府主催の「経済フォーラム」で基調講演をするためだった。

プーチンが極東開発に寄せる熱意は並々ならぬものがある。背景にはシベリア、極東部からロシア人の人口が激減し、他方で中国人の流入がとまらない現実に直面して焦燥が激しいのである。

ルースキー島の国際会議場には沿海州の四つの大学を合併させた「極東連邦大学」が建てられていた。ハイウェイには通学バスも走る。学生数、じつに四万人、立派な大学町に変貌しているではないか。

ルースキー島の裏側は奥深く、漁村が点在し、釣り人客の民宿もあるが、水がじつに綺麗で、自然の景観が保たれている。外気二十度ならロシア人は海水浴をする。

またウラジオストック西方にある北朝鮮と中国国境の三角地帯（ホサン地区）開発にも熱心で鉄道網を拡充し輸出港としての機能整備につとめた。

しかし過去数年、原油価格大暴落のためビジネスが予想外に低調となり、国際的ビジネスの規模も縮小した。トヨタは工場を閉鎖し、スズキの合弁組み立て工場がのこるのみ。撮影に行ったが、周辺は貧民街だった。工事現場の労働者はロシア人ではなく、北朝鮮やウズベキスタン、タジキスタンなどからの出稼ぎが主流だった。

プーチンが改めて極東開発に大号令をかけている背景には経済の低迷と西側の制裁によりロシア投資が激減したことから発展の目標地域を東方へ移転させたためである。

ウラジオストックの「経済フォーラム」（15年9月4日）に日本は閣僚の派遣を検討していたが、取りやめとなり、また経済界からも商社マンなど五十名余しか参加せず、ウラジオストック工場を撤退させるトヨタは参加を見合わせた。

この都市にも在留邦人はすくなく、しかし観光客が多いので本格的な日本レストランは三軒ある。まがいものの寿司バアは数え切れないが、やはり中国料理の数が多く、副都心には中国工商銀行の大型店舗が開設されている。その裏手の海岸はヨットハーバーで、付近には高級マンションが夥しく建っていた。

ウラジオストックで、プーチンは行事の合間をぬってハリウッド俳優のスティーブン・セガール、中国から同行した汪洋副首相をともなって水族館を見学したという。その水族館の真ん前に「虎」という日本レストランが新規開店。鳥取県の親子で経営、日本酒もある。味噌ラーメンがとくに旨かった。まさかウラジオストックで、こんな美味しいラーメンに巡り会うとは等と店長と会話が弾み、すっかり夜となった。

翌日、日本にゆかりの深い極東大学日本語センターや、西本願寺跡、日本人墓地、そして与謝野晶子の歌碑など見学したが、ここでも驚きがあった。

日本語センターは「鳥取県文化交流センター」となっており、フロアの半分は、なんと孔子学院になっているではないか。

しかも習近平がこの地を訪問した写真が大きく飾られていた。

日本企業は奮わず、隙間を縫って中国の勢いよい再進出ぶり。そういえば目抜き通りのホコテンは、中国人観光客だらけ。しかし「爆買い」しようにも土産品は限られていて店員らは手持ち無沙汰の様相だった。

ウラジオストックの天気は晴れていたかと思うと急に小雨交じりの寒風、夜は冷える。二十四時間営業のスーパーは市内に三軒しか無く、物資は限定的である。つまり土産を買おうにもチョコレートくらいしか無く、進出してきた中華料理レストランや、ベトナム料理に入ってみたが、いずれも閑古鳥、対照的に若者向けのブティク・カフェなどは混み合っていた。

原油価格低迷は日米の景気を向上させる効果がある

ロシア議会はさきに２９７vs１４９で２０１６年予算を可決した。

内訳をみると歳入予測は邦貨換算で25兆円、歳出は29兆７５００億円で、債務超過はＧＤＰの３％以内に収まると算定された。

ところがその後の原油価格は一バーレル、30ドル台を割り込んでおり、このままの趨勢が続けばロシアの予算に計算の齟齬が生まれ、財政赤字幅はＧＤＰの３％を超える可能性がある。そのうえシリアへの軍事介入で軍事費が増加しており、くわえてトルコとのにらみ合い、軍事対決へのエスカレートでトルコ経由あるいはトルコ仕向けの原油ガス輸出が止まることになれば、歳入が脅かされることとなる。

プーチンの強気な姿勢も、この赤字財政の圧力には勝てないだろうとする観測が西側エコノミストの間に拡がっている。ロシアの赤字国債は外国人ファンドが引き受ける可能性が少ないため、国内での消化になるから金利上昇、インフレという負のスパイラルが拡がりかねない。したがってロシアは対トルコ制裁の手綱を緩めざるを得なくなるだろう。またトルコから見れば、ガス輸入の60％がロシアからであるうえ、さらにトルコ経由の新パイプライン建設が決まっている。トルコ全土あちこちにロシア国営「ガスプロム」の拠点があり、経済的絆は切っても切れない関係である。むろん、ロシアと事を構えるからにはトルコに代案があるのかと言えば、トルクメニスタンのガスをカスピ海からジョージア経由で敷設する構想が以前から云々されている。しかしトルコはジョージアの南に位置するアルメニアと国境紛争、歴史問題を抱えており、またジョージアはロシア依存度が高く、このルート開発は話だけで軌道に乗っていない。（トルクメニスタンのガスはロシア、中国へパイプラインが繋がっているほか、イランにも繋がり、ここの日本企業が絡んでアフガニスタン、パキスタン経由でインドへ運ぶ大プロジェクトもスタートする。）

現在トルコとロシアは船舶点検、野菜貿易中断など制裁を繰り返しているが、プーチンのメンツにかけて、エルドアンが謝罪をするまで、膠着状態が続くと予測される。またエルドアンも、いまのところ、一歩も引かない構えを見せる。

さて問題は原油代金の低迷が続けば裨益するのは日本、米国、そして中国である。とくに日本はＧＤＰの３・４％に相当する輸入代金が半分の１・７％にまで下落し、景気押し上げ効果が期待できる。米国も１・78％から更に対ＧＤＰ比がさがる。

ただしこの効果は遅効するため、18カ月後に数字となって現れる。例えば海外旅行の航空券に付帯した「オイルサーチャージ」はやっと最近になって半額程度になったように。日本では設備投資が10％前後増加し、中国からの工場国内回帰が見られるが、新しい問題は雇用の確保である。

米国ではすでに住宅投資急増が見られ、景気は上向きを示している。例外は中国で、その失速ぶりは目を覆うばかりの惨状となり、中・長期的に予測しても、この傾向は続くだろう。

第八章　日本経済躍進の条件

中央アジア五カ国歴訪

最終章ではやはり、世界情勢の複雑怪奇な激流に身を置く日本がいかに生き残るかを考えてみたい。

叩かれるばかり、批判されるばかりの日本だったが、「自虐史観よ、さようなら」とばかりに一億総活性化を掲げる安倍政権は外交でも反撃を静かに開始した。

安倍首相は２０１５年10月22日から28日まで一週間の駆け足旅行で、モンゴルと中央アジア五カ国（カザフスタン、ウズベキスタン、トルクメニスタン、キルギス、タジキスタン）を歴訪した。

これらの国々は中国とロシアに地政学的に挟まれ、激動の歴史を刻んだ地域であり、また中央アジア五カ国はイスラム教を信仰する国民が暮らしている。

いずれも海の出口がない、内陸国家である。一部に資源に恵まれる国もあるが、農業だけのキルギス、山岳曠野の多いタジキスタンなど、経済的苦境にあって先進国の支援を待っている。旧宗主国のロシアだけでは経済はなかなか離陸しないからだ。

安倍晋三首相の歴訪には五十社の企業幹部、団体役員が同行するという大がかりな使節団となった。安倍首相はウランバートルに半日を費やしたあと、すぐに最も西側のトルクメニスタンへ飛んだ。日本の首相の訪問は初めてだけに多彩な歓迎行事が準備されていた。

実質的にトルクメニスタンは鎖国しており、なかなか入国は難しいところである（ちなみに筆者も、この国だけは行ったことがない）。トルクメニスタンは膨大なガスの埋蔵をほこり、冷戦下ではソ連が一方的に購入していた。中国が割り込み、ここから総延長8000キロのパイプラインを敷設して、ウズベキスタン、カザフスタンを経由、新疆ウィグル自治区から上海へ輸送している。これを「西気東輸」プロジェクトという。つまり、トルクメニスタンにとってロシアに継ぐ重要な顧客は中国である。

この中ロの牙城に日本はいかにして乗り込むのか？

日本勢は日揮、住友商事などがガス田開発、発電所建設などのプラントを受注しており、首相に随行して正式の調印をめざした。

ガスの脱硫プラントは一兆円、ほかに三菱商事などの化学プラントが五千億円、住商の火力発電プラントは四百億円、東洋エンジニアリングの肥料プラントが四千億円などである。トルクメニスタンの首都、アシガバードでのベルドイムハメドフ大統領（ニヤゾフ前大統領の庶子）との会談でも安倍首相は「質の高いインフラ整備に協力する」と日本の立場を協調した。これは中国主導のＡＩＩＢ（アジアインフラ投資銀行）や「一帯一路」（シルクロード構想）への牽制球でもある。

二番目の訪問国はタジキスタンだった。ラシモン大統領と会談し、地域の安定、とくに国境警備や麻薬対策に関しての協議をおこなったほか１９９８年に同国で過激派の犠牲となった秋野豊氏の慰霊碑に献花した。秋野氏はアジア研究の泰斗として知られた。同国にも日本の首相訪問は初めてである。

三番目の訪問国はウズベキスタンである。

首都タシケントでカリモフ大統領との首脳会談にのぞみ、人材育成、高度技術センターの開設、物流インフラへの整備協力などが話し合われた。またナボイ医療センター工事に68億円の無償援助がきめられた後、首相夫妻は日本人墓地を訪れて献花した。

ナボフ劇場へ赴いたのも、ソ連抑留時代の日本兵がこの劇場を造ったという過去があり、しかも１９６６年のタシケント大地震のときに、ほかの建物は倒壊したのに、この日本人が造った劇場だけは倒壊しなかった。

ウズベキスタンはすでにカリモフ大統領が数回訪日を重ねており、日本にはなじみ深い。ガスプラント、原子力発電開発、農業指導などで協力を積み上げてきた。同時にウズベキスタンはウラン鉱などもある。

四番目の訪問国はキルギス。

ここでは三菱商事、双日など五社連合による、ガスの前処理施設の建設に協力し十六年ぶりとなる円借款が成立した。ほかにビシュケク　↓　オシ間の新しい幹線道路整備建設に１２０億円の円借款を金利１％、四十年償還（十年据え置き）という有利な条件で供与することが決まった。

すでにＪＩＣＡを通じて多くの無償援助をなしてきたが、首相訪問であらたに16億円を無償援助し、マナス空港の施設改良工事などをアタムバエフ大統領との面談で決めた。マナス空港は三年前までアフガニスタン戦争の兵站支援地として米海兵隊二千が駐屯していた（マナスはキルギスの英雄）。

このキルギスは風光明媚で観光には恵まれているが、工業のインフラが脆弱でせっかく優秀な大学をでてもキルギス人学生はロシアなどに出稼ぎへ行っている実情がある。

最後の訪問先カザフスタンで安倍首相は歴訪を締めくくる記念スピーチをこなし、「アジアの中央に位置する国々は何千年にもわたって東西の文明の交差点となってきた。多様な文化を受け入れる包容力、多様性のなかから生み出され未来を切り開く活力、それこそが中央アジアの魅力だ」として「これからの関係を抜本的に強化する」としたうえで「日本の民間企業の意欲は高まっており、日本政府も公的協力、民間投資の後押し、インフラ整備、人作りを支援する。今後、三兆円をこえるビジネスチャンスを生み出す」と力強く演説し、首都のアスタナを後にした。

こうして安倍首相の「地球儀を俯瞰する外交」は中国の後背地を丹念に訪問して、地政学的にも楔を打ち込む格好となった。中国から見れば不愉快な外遊、そしてロシアから見れば、対日警戒感を強めることとなった。

日本の地球儀を俯瞰する外交

2015年6月、ドイツでG7サミットが開始された。

2016年はいうまでもなく、日本の伊勢志摩で行われる。最近も筆者は伊勢市などを旅行したが、現地では警備のことで頭がいっぱい、なにしろ外来の機動隊が七千名動員され、かれらの兵站、宿舎など、世界のＶＩＰばかりの話ではなく、三重県は上を下への大騒ぎをしていた。

前回のＧ７では珍しく西側が結束して中国を批判した。ロシア批判は対中批判に比べると少なかった。メルケル独首相がホスト、主役はオバマ大統領ではなく、結果的には安倍首相だった。

そして安倍首相はこの流れを受けて、伊勢志摩サミットの前に米国、カナダ、独仏英を超特急で事前打ち合わせのために4月までにまわるという。

ドイツＧ７では中国が設立を豪語したＡＩＩＢ（アジアインフラ投資銀行）について「参加する国」と「参加しない国」があり、「参加している国を批判する積もりはないが」と付帯条件をつけて安倍首相が、緊密に情報を交換しようと提案し賛同を得た。つまり安倍首相が緒戦からＧ７をリードしたのだ。

すでに日本はＡＩＩＢを念頭に、中国の露骨な金銭外交を牽制するために１１００億ドルの「質の高いインフラ投資」を言明している。この額面だけでも「質の低いインフラ投資」のＡＩＩＢが予定している資本金を一カ国で超えている。日本がＡＩＩＢに参加する意思がないことは歴然としていた。

安倍首相のリードは続いた。「自由、民主主義、法の支配、人権に立脚した国際秩序を支えてきた。しかし世界には力による現状変更、暴力的な過激主義、感染症など安全保障上の脅威が存在する。グローバルな視点から国際社会のガバナンスに対応出来るのが（国連ではなく）Ｇ７だ」と発言した。

そして「Ｇ７ドイツ・エルマウ共同声明」は、強く「南シナ海の埋立てに反対」とこれまでになかった文言が盛り込まれた。

「反対」という文言は、その後のアセアン国防相会議ですら盛り込まれなかったのだから、Ｇ７の声明は画期的だった。すなわち「東シナ海、南シナ海での緊張を懸念し、大規模な埋立てを含む現状の変更を試みる一方的行動に強く反対する」。

安倍晋三首相のリードにより、会議における討論の40％が南シナ海が議題になったという。ほかにロシア批判、自由経済の推進、環境問題で議論が白熱した。

南シナ海問題を殆ど報じないのは中国とロシアのメディアだった。中国は南シナ海への言及に関して反論し「Ｇ７が介入する権利はない」と開き直ったものの先進国の中国敵視には衝撃を受けた筈である。

２０１４年６月のブリュッセル・サミットでは、「東・南シナ海の緊張を深く懸念し、航行飛行の自由、法の支配の重要性」が強調されており15年４月の「海洋安全保障に関する外相宣言」で、ようやく「東、南シナ海の状況を注視し、大規模埋立てを含む一方的な現状変更に懸念、力による領土、海洋の権利主張の試みに強く反対」という文言だった。この色彩がＧ７首脳サミットで「正式」に採択されたことに留意しておきたい。Ｇ７の政治色彩の変化は注目に値するのである。

それも米国の姿勢が次第に懸念表明から現実の脅威となり、米国内の中国批判を背にしてペンタゴンが強硬な発言を繰り出したばかりか、南シナ海に艦船を投入するようになったからだ。

２０１５年5月8日、ペンタゴンの報告では「中国が南シナ海で進める岩礁の埋立てが拡大している」とし、同月27日、ウォレン報道官は「米軍機を22キロ以内に進入させるのが次の段階」とした（その後、10月に米艦は実際に当該水域を航行し、さらに12月には領空をＢ52が飛行した。16年1月には再度、米艦が12カイリ以内を航行した）。

同年5月30日、カーター国防長官が「ある国は他の国よりも埋立てを迅速に進めている。あまりにも早く行っている。それは中国だ。全当事者が即時かつ永続的に埋立てに注視すべきだ」と発言すると、中国は「人工島は軍事防衛の需要を満たすためだ」と、孫建国副参謀長が明確に「軍事目的」を認めるに至った。

同年7月9日、ダンフォード海兵隊司令官は「米国にとって最大の軍事的脅威はロシアだが、二番目は中国である」と議会証言した。ダンフォードはデンプシーと交替し、米軍統幕本部議長となった。

人権無視、民主活動家の拘束が続く

2015年5月13日、米国の人権団体「ヒューマンライツ・ウォッチ」の責任者が香港で記者会見し、習近平就任以来、今日までの中国の人権状況を報告した。

2009年から2010年にかけて、容疑者を暴行するなどの虐待事件が頻発し、爆弾による報復事件も起こった。以後、当局は拘置所内での拷問、暴行を禁止したとしているが、いささかの改良があったらしく、暴力による報復事件は減った。

拷問による自白強要などによる無辜の人々の冤罪や、極刑を避けるため、拘置所内での被告、容疑者、弁護士、看守立ち会いの面談も行われるようになり、2009年から2013年にかけて当局は多少の努力をした形跡が認められると報告書は言う。

とはいえ弁護士、司法機関、裁判所に大幅な権限委譲が行われてはおらず、容疑者への拷問、虐待が激減した状況にはない。

げんに15年12月7日には徐明が獄中で謎の死（おそらく口封じ）を遂げた。かれは薄熙来に連座し、巨額を献金し、美女を自家用飛行機で斡旋していた人物である。

なにしろ大スキャンダルの謎を握り、高官らに巨額を献金し、美女を全国から集めてせっせと薄熙来や周永康らに送り届ける際には自家用飛行機を使用し、つぎつぎと賄賂工作によってビジネス拡大し、経営した「大連実徳集団」を肥大化させてきた政商。その徐明が獄中で心筋梗塞による突然死を遂げ、しかも荼毘に付された後で遺灰が遺族に届けられたわけだから、誰もが口封じによる「処刑」だと疑うのは無理もない。これで習近平の最大の政敵だった薄熙来、周永康の証拠を握る人物がまたひとり、いなくなった。

薄の息子の薄瓜瓜の海外留学費用も徐明がスポンサーであり、薄夫人の法律事務所の胴元でもあり、しかも薄の右腕だった王立軍が北京に邸宅を購入した折、その資金の２８５万元を提供したらしい。

徐明は02年にも酒の飲み過ぎがたたって肝硬変で死にかけたことがあるという情報も飛び交った。それはともかく、裁判でてきたのは薄熙来と周永康、その夫人や副官達が織りなした未曾有の汚職、資金洗浄、そして海外への財産移転であり、これまでに明らかとなったのは氷山の一角でしかない。

実際に大連実徳集団をマネージしていたのは徐明の友人でもあった戴永革で、この戴は曽慶紅一家と密接な関係があることが判明した。曽慶紅は言うまでもなく江沢民の右腕であり、国家副主席を務めた。上海派の大番頭である。

戴はハルビンの仁和集団を率いて頭角を現し、徐明とは古き友人でもあった。徐明逮捕後は、大連実徳集団の毎月一億元ともいわれた利払いなど、事後処理を率いたが、陰で彼のやっていたビジネスは地下銀行だという。

以前からマカオの博打で、意図的にまけて勝ち金を合法的にマネーロンダリングして海外へ送金する金融のノウハウを身につけており、戴が指図した地下銀行は、深圳、珠海、大連、北京、上海、長沙などに拠点を設けていた。

曽慶紅一族から、この作戦に加わっていたのは親族の王暁令、豪州に食品加工工場などを経営する人物とされる。もっかの関心事は、こうした裏のビジネスの実態、とくに海外へ送金された汚職のカネの行方である。

習近平就任以後、中国の人権に劇的な改善はなく、同時に言論の自由は寧ろ狭められており、NGO団体の自由な活動が認められないのがその一例である。

15年7月から中国はつぎつぎと人権派弁護士を拘束しはじめ、その数は200名を超えた。世界中から人権無視と批判の声があがったが習近平政権はお構いなく、人権擁護団体、支援弁護士への弾圧を強めている。

そんな国が日本を「軍国主義」と誹謗しているのだからお笑い千万、開き直りもこうまでくると正常な感覚をもつ人間とは考えにくいだろう。

習近平は時折、日本に対して柔和な顔を見せるのも、究極の目標は日米同盟分断、西側の協調体制に亀裂をいれ、中国の立場を有利にすることである。

ジャカルタの日中首脳会談は中国が呼びかけ、中国が席も用意した

15年4月、ジャカルタで開催されたバンドン会議60周年を記念する「アジアアフリカ首脳会議」で、習近平のよびかけに応じる形で安倍首相は中国の用意した会見場へ足を運び、日中首脳会談は五カ月ぶりに開催された。

ところが中国のメディアは共産党の命令に従って「日本からの会見要求に応じてやった」ことにして報道した。逆さまはかの国の得意芸だから気にしなくても良いだろうが、日本側は度重なる中国側の事前の打診に回答していなかったことも分かった。

すっかり慌てたのが韓国で、突然韓国のマスコミの論調が「変調」した。このまま親分の北京が日本と仲直りすれば、反日に狂奔してきたソウルは立場がなくなるではないか。

こうしたアジア情勢の劇的な変化を踏まえて安倍首相は落ち着き払った態度で訪米した。

安倍首相の訪米では上下両院合同の連邦議会で演説が実現した。戦後、吉田茂、岸信介が上院か下院のどちらかで演説したことがあって三回目だが、合同議会での日本の首相の演説は初めてだった。

米国がそこまで日本を突如重視したのはＡＩＩＢがらみで、日本に気を使い始めている証拠である。これほど日本が有利な状況となり、安倍首相は正々堂々と過去の反省も謝罪も触れず、日本の国益をのべた。すなわち日本の地球儀を俯瞰する外交は予想以上の高い成果を上げたのである。

英国も大きな政治潮流の変化に見舞われた。

英国総選挙は大方の予測に反して、保守党が単独過半をしめ、キャメロン政権が継続されることとなった。連立相手の自由民主党が少数派に転落し、いきなりスコットランド民族党が大躍進を遂げた。牽強付会を承知で比較すれば、日本の政治状況に酷似してきたのではないか。

自公連立を「保守」とすれば、大躍進「維新の会」が関西の地域性強く、スコットランド民族党の躍進と対比できる。激減した民主党が「労働党」、そして「次世代の会」はごく少数の組織になった。まるで「ＵＫＩＰ」のごとく（ＵＫＩＰは僅か一議席）。

底流にあったのは移民問題である。経済、失業のイシューは政策論議のトップではなく、移民が享受する福祉保健サービスをどうするか、という問題だった。英国の福祉を狙ってＥＵの諸地域から、多くの移民が英国へなだれ込んだ。その不満がＥＵ加盟継続を唱えた自由民主党の転落であり、労働党はまともな対応策が取れない能力不足を衝かれた。

ところが英国の底辺ではいかなる変化が起きていたか。

英国における「三大少数民族」とはインド系、パキスタン系、そして三番目が華人である。旧植民地からの移民として、もともと英国にはインド系、パキスタン系がせめぎ合い、その次は旧植民地ナイジェリアからの移民と言われた。

１９９７年の香港返還の直前に英国は香港市民24万名の移民枠を設け、それに溢れた香港籍の人々も、あの手この手でなだれ込み、英国に住み着いた。中国の改革開放以来、「留学」として入り込んできた中国人は、現在ＥＵにおける労働の自由、移動の自由をフルに利用して英国へ夥しく入り込んだ。

ロンドンばかりか、マンチェスター、リバプール、そしてバーミンガムにチャイナタウンが形成された。

五年前の総選挙では「積極的に政治に参加しよう。でなければ発言権が得られない」とばかりに８名の華人が立候補した。いずれも落選だったが、今回は11人の華人が立候補しひとりが当選したのだ。

おりしも日本では、4月の地方統一選挙で、新宿区議に中華料理店を経営する李小牧が「華人の発言権を」と主張して、帰化してすぐに立候補した（みごとな落選だったが）ように、移民先で方便として帰化し、すぐに政治的影響力の確保を目ざすというのも、華人らしいといえば、たしかにそうだろう。

英国総選挙の末端で起きた異変の始まりである。そしてこの波は日本を含む先進国に拡大してゆく趨勢にある。

やっとこさ、集団的自衛権

古来よりの格言に曰く。「本当の平和を望むなら戦争の準備を怠るな」

安保法案は15年7月16日にようやく衆議院を通過し、成立した。戦後七十年、ようやくにして平和への本格的な第一歩が築かれた。

中国は静かに反対の態度を表したが、いつものような「絶対反対」の絶叫はなく、軍国主義復活などと無謀な宣伝文句も見られなかった。不思議である。なにかの予兆を示唆している。香港の『サウスチャイナ・モーニングポスト』などは「日本の法律改正は戦争の機会を増大させたと中国専門家が分析」などセンセーショナルな報道だったが、南シナ海の中国軍の蛮行を前になにをほざくかという印象である。

日中間のささくれだった空気は中国が一方的に醸成したもので、東シナ海にガス井建設の無鉄砲から、さらにエスカレートして尖閣諸島周辺へ中国海監の艦船が出没して領海侵犯を繰り返し、小笠原諸島近海からは赤珊瑚をごっそり盗んでいった。領空侵犯による自衛隊のスクランブル出動も年初来110回以上である。

東シナ海の日中中間線の中国側に建てられた海洋リグは16基に及んでいたことが判明し、関係者は愕然となった。政府は直ちに工事の中止を要求したが、中国が聞き耳をもつ筈がなく、うやむやのうちに既成事実を積み上げ、海洋リグにはヘリポート、いずれの日か軍事目的に転用されるだろう。

日本が尖閣諸島の国有化をなすと、言いがかりを付けての反日暴動とやりたい放題。すっかり嫌気がさした日本企業がどっと撤退をはじめ、「チャイナ・プラス・ワン」を合い言葉に、アセアン諸国からインドへの進出を加速させた。

賃金高騰により「世界の工場」ではなくなった中国は輸出に支えられて高度成長を遂げてきたのに、国有工場で生産した品物は売れ残り、在庫の山が各地でみられ、暴動も頻発し、社会不安が拡大した。こうした環境の下で、海外からの直接投資が激減しては経済が立ちゆかなくなる。ドイツと英国、韓国以外、中国に投資を増加させた国はみあたらない。苦肉の策として在庫処分と中国企業の海外でのビジネス拡大を目的としてＡＩＩＢに、信用格付けの問題から、どうしても日本に加盟して欲しかったが、日本はすげなく、鳴り物入りの銀行の船出となった6月26日の「署名式」では7カ国が署名しなかった。

そして上海株暴落が開始された。

中国は顔面蒼白、本気で焦りだした。華夷秩序のフォロアーと思っていたフィリピン、ベトナムが鮮やかに反旗を翻し、シャングリラ対話では米国から名指しの非難を受け、四面楚歌の状態にあることを中国はやっとこさ認識できた。

14年11月の北京ＡＰＥＣでは安倍首相と会談した習近平のよそよそしい態度が際立ったが、15年４月のインドネシア会議を利用しての日中首脳会談は、むしろ中国側から呼びかけてきた。習は気味悪いほどに、にこにこ笑っていたことは述べた。

２０１６年になるや、中国の論調は顕著に替わって、在日中国語新聞を開くと「友あり遠方よりきたる、また楽しからずや」「小異をすてて大同につこう」などと日中友好を虚しく呼びかけるようになっている。

「一人っ子政策」を止めることになった

中国の独身男女がついに二億人を突破した。日本の総人口より多い「独身」がいるのである。

他方、労働人口は急速な高齢化・少子化により、「世界の工場」は今後維持しにくい近未来も見えてきた。

そのうえ矛盾するかのように大学生が年間７００万人を超え、あまつさえ新卒学生にまともな就労先がない。

中国人の意識では大学を出たら３K現場には絶対に行かない。公務員か外資系、国有企業の社員を目指し、就職浪人が巷に溢れることとなった。ところが２０１４年頃から企業倒産ラッシュが続いており、雇用機会は希薄となって、職の取り合い、労働争議の頻発など未曾有の事態に遭遇している。

そして出生率向上をいまごろ目ざすというのだから、その政策は根本的に出鱈目である。

中国の戸籍なき子供が少なくとも１３００万人と見積もられ、これらを「黒戸」というが、統計学的に存在しない幽霊人間を指す。

「存在しない」のだから法律上、いかなる権利も受けられない。

学校へ行けないばかりか、汽車にも飛行機にも乗れない。中国では航空券ばかりか、鉄道のキップを買うときにＩＤカードが必要だからである。

一人っ子政策の時代、二人目の子供を希望すると法外な罰金（都市部では７００万円という相場もあった）を要求され、原則二人目までは許された。香港は例外なので、香港へでむき出産するブームもあったほど二人目の子供をつくるに涙ぐましい努力があった。

農村ではとくに女性の黒戸が多いのも労働をさせるには男子が望まれ、男性が生まれるまでの赤ちゃんは戸籍の申請を役所にしなかった。もちろん、学校へ行けないから文字も書けない。役人がやってきて「その子は存在しないのだから存在を消せ」と無理矢理殺害を命じるという信じられないケースもあったという。小中学は義務教育であるが、中国では教育は無償ではないので、教科書も買えない貧困家庭も激増した。

過去数年、一人っ子同士の夫婦に限って、緩和政策が取られ、一人っ子同士の夫婦は二人まで許可された。少数民族は二人、あるいは極少数民族では三人までＯＫだった。

この政策の隙間を狙って、わざわざ漢族から満族へ民族戸籍も変えてしまうノウハウもあった。とくに東北三省（黒竜江省、吉林省、遼寧省）では漢族の夫婦が満州族に民族籍を変えるケースが頻発した。

それなら緩和された以後も、中国では子供がふえるのであろうか？

問題は三つある。

第一は、これまで三十五年間の一人っ子政策で、実際に支払った罰金（年間80億ドルと推定される）は、いったい何処へ消えたのか？

これらのなかには役所の末端がちょろまかすという手口が報告されている。

第二は、ならばこれまでに生まれた「黒戸」の人々、およそ1300万人のこれからの身分はどうなるのか、という大問題である。すでに各地で戸籍復活の裁判も行われているが、原告の黒戸がIDカードがないため、裁判所にはいれないという皮肉な光景もみられる。

第三はさらに皮肉な現実である。二人まで子供を産めることになったのに、現代中国の若者が子供をつくろうとしないことである。

経済繁栄、国際化、アメリカやヨーロッパの映画やテレビ番組に加えてリベラルな思想、フェミニズムを謳う書籍が洪水のように流れ込んで、現代中国の若者達の従来の人生観はまったく変わってしまったのである。

結婚もしないという若者が激増しており、日本と変わらない社会問題となっている。

結婚しない理由は「もっと自分の人生を勝手に生きたい」「結婚に拘束されたくない」

「結婚が幸せと誰が保障するのか」「こどもは煩わしい」「大学までの教育費を考えるとゾッとする」などという意見が多く、現代の若者の身勝手な人生観を窺わせる。

したがって二人目の子供を申請した夫婦は法律改正後、この半年で僅か175万組、許可になったのが、そのうちの145万組という信じられない数字が報告された。

2015年11月10日に公表された『世界の建設業界の展望とオックスフォード経済』によれば「中国の建設部門のピーク」は2013年におわり、これから2030年までは歴史的な低迷、低成長となるだろう、と予測されていることが分かった。

現在、世界の建設業界は米国、インド、中国の三国で47％を占めており、依然として中国の建設業界は「成長している」という。しかし中国の老齢化が急ピッチで進んでおり、むしろ病院、介護センターなどの需要はあるものの、若者の人口減もあって、住宅需要は低迷期に入ったのは明白である。したがって2014年から2030年を展望すれば、中国の建設部門は2005―14年の三分の一のペースにおちるだろうと同報告書はいう。

このため「一帯一路」構想が突如、浮上し、セメント、鉄鋼などの余剰健材、設備、ブルドーザ、クレーンなどの建機、くわえて建設労働者を、このプロジェクトによって吸収してしまおうとしている。中国の建設部門の総額は3・1兆ドルで、これは世界全体の四分の一である。

マッキンゼーの予測では中国の人口動態の変化に応じて、病院建設とヘルスケアにより、２０２０年までに1兆ドルが、こうした部門に投資されるだろう、とみている。

しかし、これらいずれの予測も英米の経済シンクタンクが公表された数字をベースにして、近未来を予測したものでしかなく、実態を調査した上での展望をのべたものか、どうか。

こうみてくると沈没間近の中国が、再び昇竜の勢いにある日本にすり寄ってきたのが、２０１５年以来の中国の変化であり、２０１６年はこの傾向にますます拍車がかかるであろう。

エピローグ

大波乱のあとにくるもの

昨夏から始まった上海株式暴落と人民元安は、当局の猛烈な規制強化、財政出動という株価堅持作戦が奏功し、いまのところ小康状態を保っている。

しかしベアー・スターンズ危機（07年）からリーマンショック（08年9月）までの一年の時間の経過があったように2016年夏前後に再び「チャイナ・ショック」がやってくるだろう。

現時点では中国政府の強引な為替管理という強行策により危機は単に先送りされているに過ぎない。

したがって短期的にはやや楽観的に状況が推移してゆくだろうが、中期的には悲観的となり、長期的展望は絶望のみが拡がる。

２０１６年に予測される「中国大波乱」は次の十のシナリオである。

（１）株式市場、さらに暴落を重ねる
（２）人民元の大暴落
（３）深刻な不良債権の露呈と銀行の再編
（４）未曾有の暴動、労働争議の頻発
（５）ＡＩＩＢ（アジアインフラ投資銀）とＢＲＩＣＳ銀行の蹉跌
（６）テロの猛威に襲われる
（７）人災、大気汚染の深刻化
（８）外貨準備激減（爆買いの突然死）
（９）権力闘争は派閥抗争が激化
（10）南シナ海で軍事衝突

さてさて習近平体制は磐石なのか？

「反腐敗」キャンペーンが続き、相次ぐ粛清で官僚たちは戦々恐々となって行政が麻痺しているため経済は沈滞の一途である。

また軍は面従腹背だが不満は爆発寸前だ。これでは習近平が軍権を押さえたとは言えない状態である。いや、むしろクーデタの可能性が高まったとみるべきだろう。

そのうえ、追い詰められた団派の反撃が開始される。彼らはむしろ経済が失速して、民衆の不満が爆発し社会的擾乱がおきるタイミングを狙い、何かを仕掛けそうな気配である。

２０１５年９月、国連総会議長だったアシュが収賄容疑の廉でＦＢＩによって逮捕された。

中国企業に有利に取りはからうよう、50万ドルから１３０万ドルの賄賂を受け取ったとされた。この収賄事件の黒幕はマカオの不動産王のひとりで、スタンレー・ホーと並ぶ大富豪の呉立勝といわれ、不法入国の容疑でＦＢＩに逮捕・拘束された。呉は全国政治協商会議委員である。つまり中国共産党幹部のひとりである。

ニューヨーク法務当局は、この呉立勝容疑者を保釈金五千万ドル、24時間監視、携帯電話は使用不許可などを条件に、病気療養のため自宅での治療を許可した。

呉立勝は２０１３年から15年にかけて、米国に相当額の資金を持ち込み、骨董品を大量に買い付け、またＮＹマンハッタンの不動産を買い占めるなど入国目的とは異なる投資を展開していた。このため当局から目を付けられていた。呉一族は十八億ドルの資産家で毎月の収入だけでも2500万ドル、米国入国に際しては450万ドルの現金を帯同していたことも判明していた。

日本人は国連信仰に取り憑かれ、あたかも国連は平和の殿堂のように錯覚しているが、列強にとっては政争、外交決戦の場であり、中国にとってはそれらに加えて騙しの場でもあることがはからずも立証された。

習近平主席は2015年9月の訪米で熱烈に願望した米国連邦議会での演説を拒否され、ワシントンでは「チベットに自由を」「独裁者は帰れ」とデモ隊が取り巻き、不愉快千万の結果に終わった。しかし習近平は国連総会で、次の演説をしているのだ。

「中国は世界平和と秩序の安寧のために人民解放軍を8000名、国連軍に常時派遣する用意がある」。

国際的な軍事専門家のあいだではこの平和維持部隊への8000名という中国の意図が奈辺にあるのか、いくつかの議論が展開されている。インドの外交専門家は「絹の手袋で鉄拳をふるう意図だ」とみている。「IRON FIST WITH SILK GLOVE」というわけだ。中国軍の国連平和維持部隊への積極的参加は、「一帯一路」とセットであるという認識が世界共通の分析だ。

イタリア「トリノ国際問題研究所」のアンドリア・チセリはこういう。

「国連軍への協力を中国の戦略家は『柔性軍事存在』と呼ぶが、一帯一路とセットとなっており、中国の海外の利害関係と一致したルートで、国連軍の名の下に中国の利益を守護するために派遣されるのであり、まさに南シナ海における人工島埋立に見られるようなケースが世界的規模で展開されることと同義である」。

そしてチセリは次のように続けた。「しかしながらスリランカへの潜水艦寄港で浮上したように中国の真の意図を実現させるには海外基地とのアクセスの問題も浮上している。海運より空運のほうが合理的で安上がり、なぜ海軍の突出があるかといえば中国の外交優先という文脈の中で陸空より海軍重視に傾斜していることである」。

とはいえ中国国内には陸海の主導権争いにくわえ、SCO（上海協力機構）の内部では中ロの主導権争いがある。

南シナ海には300億トンの石油と16兆立方メートルの天然ガスが埋蔵されていると推計され、資源奪取のために中国が七つの珊瑚礁を埋め立てて、ベトナム、フィリピン、ブルネイ、マレーシア、インドネシアと領海係争を続けているが、この侵略的行為はアセアン諸国の反中感情を呼び起こし、米国は軍艦を派遣する事態に発展した。

だが前述のチセリは次のように総括している。「中国軍の現有の実力からみて海外基地は本当に必要か、否かの議論も同時に進化してゆくだろう」（米国ジェイムズタウン財団、『チャイナ・ブリーフ』、２０１５年10月19日）

中国の主催する「孔子平和賞」なるものはノーベル平和賞の劉暁波に対抗して急遽でっちあげたシロモノである。賞金も僅か10万元だ。

２０１０年12月に「突如」設立が発表され、しかも第一回の受賞者が台湾の国民党政治家、連戦（国民党名誉主席、親中統一派）だった。連戦は狐につままれたような表情で、このお笑いのようなイベントにコメントせず、むろん授賞式に出席しなかった。

その後、この賞の選考は中国政府系の機関を離れ、香港の「孔子平和研究所」とかいう民間団体に移管された。

第二回の受賞はプーチン、三回目はアナン国連前事務総長、四回目は釈一誠とかいう中国仏教界指導者という写真も公表のされなかった人物になった。これで世間から忘れ去られたと思われた。

第五回目は鳩山由紀夫の名前も挙がっていたが、キューバのカストロに決まった。しかしカストロ議長さえ授賞式に出席しなかった。

そして第六回は日本の村山富市元首相とジンバブエのムガベ大統領に授与されることが

決まったが、村山の辞退に引き続き、かの「世界一の親中派」といわれたムガベ大統領も辞退した。これでは漫画にもならない。あれほど中国から援助をしこたま貰ったばかりか、ジンバブエでの大統領選挙丸抱えの中国に対して、ムガベは受賞拒否という忘恩の態度で応じたのである。

それもこれも、世界中の誰もが中国が唱える平和を信用せず、受賞はむしろ不名誉で迷惑と認識しているからなのである。

進退窮まった中国、しかしこの無謀な振る舞いを続ける大国は我が国の隣国なのである。

著者プロフィール
宮崎 正弘（みやざき まさひろ）
1946年金沢市生まれ、早稲田大学中退。
「日本学生新聞」編集長、「浪曼」企画室長、貿易会社経営などを歴て、
1982年「もうひとつの資源戦争」で論壇へ。
チャイナ・ウォッチャーとして、70冊以上の中国論のほか、
世界経済の分析では国際エコノミストとして活躍。
また文藝評論家、作家の貌もある。代表作は「拉致」（徳間文庫）
近作に「『中国の時代』は終わった」（海竜社）、「中国壊死」（ビジネス社）
「取り戻せ！日本の正気」（並木書房）など多数。

中国、大失速 日本、大激動 世界情勢から見た、日本経済のゆくえ

2016年2月28日　初版第1刷発行

著　者　宮崎 正弘
発行者　瓜谷 綱延
発行所　株式会社文芸社
〒160-0022 東京都新宿区新宿1－10－1
電話 03-5369-3060（編集）
03-5369-2299（販売）

印刷所　図書印刷株式会社

ISBN978-4-286-17346-7